투탄과 자결, 의열투쟁의 화신
나석주

투탄과 자결,
의열투쟁의 화신

나석주

| **김성민** 지음 |

글을 시작하며

나석주 의사는 1926년 일제 경제침략의 본산인 동양척식주식회사와 조선식산은행에 폭탄을 던지고 자결 순국한 분이다. 일제 식민지 시기 독립 쟁취를 위한 선열들의 투쟁은 다양한 방법으로 전개되었다. 그중 단독 또는 소규모 인원으로 목숨을 걸고 일제 침략세력에 맞선 거사가 의열투쟁이다. 의열투쟁은 일제의 압도적인 무력에 대항하기 위한 효율적인 방법이었다. 무기를 사용하여 침략의 원흉이나 침략기관을 응징하다 희생된 분을 의사, 스스로 목숨을 끊어 항거의 뜻을 표현한 분을 열사라고 칭한다. 나석주 의사는 일제 침략기관에 폭탄을 던져 응징하고 현장에서 자결로 생을 마감하였다. 의사이자 열사라고 할 수 있다. 이는 우리 독립운동사에서 독보적인 사례이기도 하다. 책의 제목을 '의열투쟁의 화신'이라 한 이유이다.

나석주 의사의 생은 일직선의 외길이었다. 그는 북간도로 망명하였다가 모친의 병환 때문에 귀국할 정도로 효심도 깊었다. 그러나 조국 독립을 향한 열망은 한결같았고, 그 방법 역시 자신의 온 몸을 바치는 것이었다. 동지에게 보낸 편지에서 그는 '의사 될 용기'를 강조하였다. 독립운동을 하는 사람은 무릇 자신의 한 몸을 던지는 '의사 될 용기'가 필요하다는 것이 그의 지론이었다. 그는 자신의 온 몸을 조국에 바치기를 열망하였고, 이를 실천에 옮겼다. 그인들 고향의 연로한 부모님과 처자식이 그립지 않았으랴! 단지 그에게는 가족보다 조국이 더욱 중요했던 것이다.

그러나 의사의 삶은 잘 알려져 있지 않다. 거사 직후 자결 순국하여 관련 자료가 매우 소략하기 때문이다. 그나마 남아 있는 자료들도 내용이 서로 다른 것이 많다. 출생년도도 자료마다 제각각이다. 동양척식주식회사와 조선식산은행에 폭탄을 던져 응징하고 일인을 살상한 과정도 기록마다 차이가 있다. 거사에 대한 일제의 조사기록은 현재 확인되지 않고 있다. 거사 직후 과거의 행적이 언론에 보도되었는데, 지극히 단편적인 내용이다. 사정이 이렇다 보니 나석주 의사의 삶과 조국을 위한 헌신이 제대로 역사에 기록되지 못했다는 아쉬움을 금할 수 없다.

순결한 의사의 삶을 밝히는 것은 쉽지 않은 일이었다. 필자의 능력이 부족한 탓이다. 자료가 부족한 것도 문제였지만, 관련 기록이 상이한 경우에는 어느 기록을 선택할지 결정하는 것이 쉽지 않았다. 때문에 가급적 관련 자료를 제시하여 서로 비교할 수 있도록 하였다. 독자들이 스스로 자료를 비판적으로 검토하도록 하기 위해서이다. 필자의 취사선택이 잘못되어 의사의 삶이 왜곡되지는 않았을지 두려울 뿐이다.

역사적 상황이나 기존에 알려진 단체 등을 서술하는 과정에서는 선학들의 연구 결과물에 크게 의존했다. 김희곤·김영범·염인호·서승갑·이규수 선생 등의 연구 성과를 활용했다. 통사류의 저술도 인용되었다. 책의 구성 상 일일이 주석을 붙이지 못한 점은 양해를 부탁드린다. 끝으로 최종 교정지까지 이어진 수정 내용을 참을성 있게 정리해준 역사공간 편집부 여러분께 고마움을 전한다.

2017년 12월

김성민

차례

글을 시작하며 4

- 1926년 서울을 뒤흔든 총성 8
- 출생과 성장 25
- 일제의 식민지 수탈과 농민항쟁 – 동척, 식산은행의 수탈 38
- 독립운동에 나서다 51
- 신출귀몰한 권총단 56
- 중국 상해에서의 활동 68
- 임시정부의 파수꾼, 경호원이 되다 85
- 의열단, 병인의용대에 가입하다 90
- 거사를 위한 귀국 108
- 천추에 길이 빛날 이름 138

나석주의 삶과 자취 149

참고문헌 152

찾아보기 157

1926년 서울을 뒤흔든 총성

투탄 거사와 장렬한 최후

1926년도 12월 26일. 중국 영구營口에서 중국 배 이통호利通號가 인천항에 입항했다. 오후 2시부터 화물과 선객이 부두에 내리기 시작했다. 수상경찰서 소속 형사들이 배에 걸쳐놓은 사다리 곁에 붙어 서서 상륙하는 선객의 행색을 유심히 살피고 있었다. 이자들은 특히 한국인만 보면 반드시 한옆으로 끌어냈다. 미주알고주알 캐묻고는 저희가 만족하기 전에는 절대 보내주지 않았다.

그러나 이날 이통호에서 내린 선객 가운데 한국인은 몇 명 없었다. 선객 179명 가운데 중국인이 172명, 일본인이 4명, 그리고 한국인은 고작 3명이었다. 이들 3명은 별로 수상한 점이 보이지 않았다. 이날 선객 가운데 22명이 인천부 지나정 38번지에 있는 중국여관 원화잔元和棧에 들어갔다. 여관 직원이 이들을 객실로 안내하고 일일이 숙박부를 받았다. 선객 가운데 한 사나이가 직원을 보고 묻는다. "오늘 밤 진남포까지 가야 하는데 몇 시 차를 타면 되겠소?" 그러자 직원은 "진남포로 가십니까? 그러면 10시 55분에 경성역에서 출발하는 북행차가 있으니 8시 45분 차로 떠나시면 됩니다" 하고 대답했다. 나중에 서울에서 사건이 발생한 뒤에 조사해보니 이 사나이가 바로 숙박부에 '산동성인山東省人 마충대馬忠大, 35세'라는 기록을 남긴 사람이었다. 그는 이통호 선객 명부에는 '산동성인 마중덕馬中德, 35세'라고 기록했다. 그는 이날 밤 인천을 떠나 진남포까지 갔다가 이튿날 오후 3시 13분 평양발 열차로 다시 서울로 들어와 남대문통 5정목에 있는 중국여관 동춘잔에 투숙했다. 이때는 원적을 '강소성인 마중달馬仲達, 35세'로 기재했다. 이 수상한 중국인은 사실 강소성 출생도 산동성 사람도 아닌 한국인으로, 황해도 재령載寧 출신의 나석주羅錫疇였다. 그는 이렇듯 중국인으로 가장하여 엄중한 경계를 돌파하고 서울까지 몰래 들어온 것이다. 그는 동춘잔에서 중국인들과 어울려 하룻밤을 보내고 이튿날인 28일 미리 준비해온 유서 3통을 여관에 놓고 나왔다.

나석주는 28일 오전 예정된 거사 장소인 조선식산은행(이하 식산은행)과 동양척식주식회사(이하 동척)에 대해 면밀한 사전조사를 마쳤다. 이날 오후 2시, 중국 옷 차림의 나석주는 황금정 2정목의 동양척식회사로 들어가 종잇조각에 이모라는 이름을 써서 수위에게 보이며 서투른 우리말로 이 사람을 만나러 왔노라고 말했다. 수위가 그런 사람이 없다고 하자 나석주는 그대로 그곳을 나왔다. 그러고 나서 약 5분 후인 2시 5분경,

조선식산은행

남대문통 2정목의 식산은행으로 들어가 바로 사무실 남쪽의 대부계를 향하여 은행 창구의 철책 너머로 폭탄을 던졌다. 그러나 애석하게도 폭탄은 대부실 뒤 담벼락 기둥에 맞고 아래로 떨어져 폭발되지 않았다. 나석주는 곧바로 은행에서 뛰쳐나왔다. 때는 연말이어서 은행이 몹시 분주했다. 은행 창구 밖에는 일반 손님이 운집해 있었고, 수위도 다른 일에 바빠서 별로 주의를 기울이지 않았다. 이때 손님 가운데 조일양조회사朝日釀造會社 점원인 중촌中村이 이상히 여겨 재빨리 수위에게 알렸다. 수위가 주워서 살폈으나 폭탄인 줄은 알지 못했다. 은행 서무과로 가져가 조사해본 결과, 서무과에 근무하는 휴직休職 육군 중좌인 소전小田이라는

조선식산은행 대부실 폭탄투척 장소(『동아일보』, 1927. 1. 13 호외)

자가 비로소 폭탄임을 알아냈다. 즉시 본정경찰서에 연락하여 많은 경관이 급히 달려왔다.

식산은행에서 폭탄 사건이 일어난 지 약 10분 후인 2시 15분경, 나석주는 폭탄을 신문지에 싸서 옆구리에 끼고 동양척식회사 경성지점으로 달려갔다. 정문 안 수위 책상에서 무엇인가를 쓰고 있는 일본인이 있었다. 조선부업협회朝鮮副業協會 잡지기사 고목길강高木吉江이라는 자였으나 나석주는 고관인 줄 알고 그를 권총으로 쏘았다. 요란한 총소리와 함께 그가 거꾸러지는 것을 보고, 다시 나는 듯이 이층으로 뛰어 올라갔다. 때마침 아래층 식당에 있던 동척 사무 무지광武智光(22세)이 총소리에 놀라 뛰어나와 계단으로 따라오는 것을 보고 권총 두 발을 쏘아 굴러 떨어뜨렸다. 나석주는 곧 이층 남쪽으로 뛰어올라가 토지개량부 기술과장실

동양척식주식회사

로 들어갔다. 맞은편 의자에 앉아 있던 과장 차석次席 대삼태사랑大森太四郎(39세)을 쏘아 거꾸러뜨리고, 그 옆에 있던 과장 능전풍綾田豊(45세)을 향하여 또 한 방을 쏘았으나 총알은 책상머리에 맞았다. 능전풍이 문을 박차고 도망가자 나석주는 뒤쫓아가서 문밖에서 그를 쏘아 쓰러뜨렸다. 이어서 그 옆 개량부 기술과실로 들어가 권총을 난사하며 폭탄 한 개를 던졌으나 아쉽게도 폭탄은 터지지 않았다.

나석주는 처음 올라왔던 길로 돌아나가다가, 동척 안의 조선철도주식회사 정문 현관 안에 있던 수위 송본필일松本筆一(60세)과 시곗값을 받으려고 와서 수위와 이야기를 나누던 천진당 시계점 점원 목촌열삼木村悅三에게 한 방씩 쏜 후, 그 문으로 빠져나갔다. 거사에 놀란 동척 직원들은 책

동양척식주식회사의 2층 계단과 개량부 폭탄투척 장소(『동아일보』, 1927. 1. 13 호외)

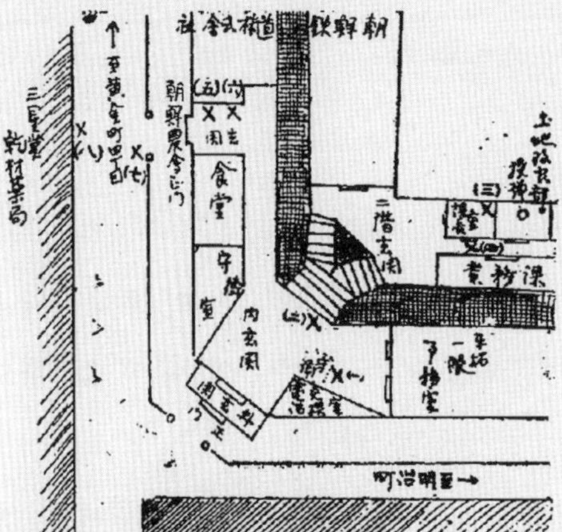

동양척식주식회사
폭탄투척 현장 도해
(『동아일보』, 1927. 1. 13 호외)

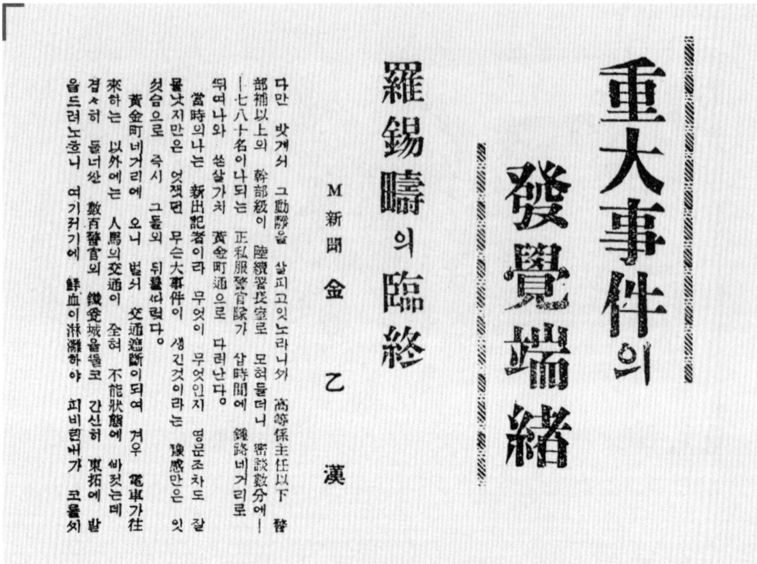
重大事件의 發覺端緒

羅錫疇의 臨終

M新聞 金乙漢

다만 밧게서 그動靜을 살피고잇노라니까 高等係主任以下 警部補以上의 幹部級이 陸續警察室로 모혀들더니 密談數分에 ─七八十名이나되는 正私服警官隊가 삽時間에 鍾路네거리로 뛰여나와 쏜살가치 黃金町通으로 다러난다。

當時의나는 新出記者이라 무엇이 무엇인지 영문조차도 잘 몰낫지만은 엇잿던 무슨大事件이 생긴것이라는 豫感만은 잇섯슴으로 즉시 그들의 뒤를따렷다。

黃金町네거리에 오니 벌서 交通遮斷이되여 겨우 電車가往來하는 以外에는 人馬의交通이 全혀 不能狀態에 싸젓는데 겹겹히 둘너싼 數百警官의 鐵瓮城을뚤코 간신히 東拓에 밥읍드려 노흐니 여기저기에 鮮血이淋漓하야 피비린내가 코를찌

「중대사건의 발각 단서, 나석주의 임종」(『삼천리』 제17호)

상 밑으로 숨어 누구 한 사람 꼼짝달싹하지 못했다. 무인지경의 영웅적 거사였다. 식당에서 무지광보다 조금 뒤떨어져 나오던 동척 사원 휴직 소좌 생중生中이 급히 황금정 파출소에 신고하여 일경들이 출동했으나, 이미 나석주는 동척 구내를 벗어난 후였다.

동척 구내를 벗어난 나석주는 오른손에 권총을 든 채 황금정 거리로 나섰다. 때마침 주변에 있던 경기도 경찰부 경무과 경부보警部補 전전유차田畑唯次(35세)가 총소리를 듣고 달려왔다. 나석주는 즉시 권총으로 그의 가슴을 쏘아 거꾸러뜨린 후 전찻길을 건너 동쪽으로 달려갔다. 그때 정복을 입은 순사 네다섯 명이 그의 뒤를 쫓아왔다. 나석주는 황금정 2정

목 삼성당 건재약국乾材藥局 앞 전신주 옆에 이르자 돌아서서 권총으로 자신의 가슴을 겨누고는 세 방이나 쏘았다. 또 순사들이 달려드는 곳을 향해 두어 방 난사한 뒤 정신을 잃고 그 자리에 쓰러지고 말았다.

일경들이 나석주를 경기도 경찰부 소속 자동차에 싣고 총독부 병원 외과 수술실로 옮겼으나 의식을 회복하지 못했다. 일경들이 외과 과장에게 청하여 캠퍼 주사를 놓아 정신을 차리게 한 후 심문했으나, 나석주는 입을 굳게 다물고 아무 말도 하지 않았다. 일경이 "어차피 죽을 몸이니 성명이나 말하는 것이 좋지 않으냐?"고 하자 "난 황해도 재령군 북률면北栗面 남도리南島里 나석주노라"라고 말했다. 나석주의 가족은 이 무렵 여러 차례 이사하여 남도리에 있었다. 이 말을 듣고 있던 경기도 경찰부 형사가 얼마 전 경기도 경찰부에서 그에 대한 정보를 받은 적이 있다고 말했다. 일경이 계속하여 "너 의열단원이지?"라고 묻자 나석주는 "응" 하고 대답했다. 다시 "상해에서 왔지?" 하고 물으니 "응" 하고 대답한 후 아무 말도 하지 않다가 4시가 조금 지나서 순국했다. 민족과 함께한 영웅다운 죽음이었다.

일제의 보도 통제와 뒤늦은 거사 보도

일제는 거사가 일어난 12월 28일 철저하게 보도 통제를 시행했다. 일제 권력의 심장부인 서울의 한복판에서 일어난 거사에 당혹감을 금할 수 없었던 것이다. 6월 10일 융희황제(순종) 인산 당시 만세시위의 기억이 채 가시기도 전에 일어난 일이었다. 더욱이 며칠 전인 12월 25일 일왕 가인嘉仁이 사망하여 민심의 동향에 주목하던 때였다. 일제는 식민통치의 핵심기관인 동척과 식산은행에 폭탄을 던지고 일본인을 사살한 희대의 사건이 세상에 알려져 민심이 동요할 것을 우려해 보도를 일체 금지했다. 『조선일보』는 거사 당일 즉시 호외를 발행했으나 일제 당국에 압수되었다. 이튿날인 12월 29일 『동아일보』는 일제 당국의 보도 금지 조치 자체를 다음과 같이 알렸다.

> 작 28일 오후 2시 15분 시내 황금정 2정목에서 돌발한 모 사건은 일체 게재 금지

이 보도 금지 기사는 오히려 읽는 사람들의 궁금증을 더해줄 뿐이었다. 12월 30일 『동아일보』는 일제 당국의 분위기가 심상치 않음을 다음의 기사로 전했다.

> 재작 28일 오후 3시경부터 경기도 경찰부 이하 시내 각 경찰서에서는 비번 경관까지 전부 비상소집하여 시내 각처를 빈틈없이 경계하여 각 파출소와 교외 주재소 순사는 전부 권총을 휴대하였으며, 형사들도 권총을 휴대하였으며, 각 경찰서에서는 밤잠도 자지 않고 쉴 새 없이 각처의 가택수색을 하는 중이라 하며 더욱 식산은행을 위시하여 각 은행과 금융기관이며 큰 관청에는 형사 혹은 정복 경관을 잠복시켜 매우 엄중히 경계하는 중이더라.

국내 신문들은 당국의 보도 금지 조치로 전하지 못했으나, 일본에서는 이 사건이 신문과 방송을 통해 알려졌다. 특히 방송국의 방송으로 라디오를 통해 사건의 전말이 해외에 먼저 알려지기도 했다. 관부연락선을 통해 부산으로 들어오는 일본 신문은 부산경찰서에서 압수하여 국내에 배포를 금지했다. 일제는 해를 넘겨 거사가 일어난 지 17일이 지난 1927년 1월 13일에야 보도를 허용했다. 이에 대해 같은 날 『동아일보』는 「경무국의 당황」이라는 제목의 사설을 통해 일제 당국의 옹졸함과 부당함을 힐난했다.

나석주

> 이번 동척 폭탄 투척사건 기사에 대하여 경무국은 분반噴飯할 만큼 당황을 하였다. 12월 28일 해 사건이 일어난 뒤에 …… 반삭半朔이나 되어서 해금한다는 것이 첫째 당황이요, 둘째, 작조昨朝 11시 기사 게재의 금을 해解함에 당하여 "당국이 발표하는 그대로 하되 만일 조금이라도 착위錯違함이 있으면 차압하리라"는 진무류珍無類한 엄명을 내리되 …… 경무국이 기사 게재의 범위를 지정하는 것은 조선에서는 다반사이거니와 기사의 내용을 딕테이트한다는 것은 경찰만능의 조선에서도 실로 초유의 사였다. 아무리 주책없는 경무당국이라도 이렇게 몰이해한 처사가 있으리라고는 믿지 못하였다. 이것은 실로 당황 중의 당황이라 할 것이다. ……

朝鮮日報 號外

丙寅十二月廿八日白晝突發事件顚末

羅錫疇

殖銀과東拓을

右手로爆彈投擲, 左手로拳銃亂射

지난십이월이십팔일오후두시경에권총과폭탄을가진청년
식산은행과동척회사를습격하야일곱명을살상하고자살해

隻身으로七名殺傷後自銃自殺

東拓襲擊前後經過

無人境가티突入 二發을連射

◇第一層犯行顚末

拳銃은左手로 右手로爆彈

◇第二層犯行顚末

守衛射殺後 彈丸을再顚裝

◇再次第一層犯行

揭載禁止中 今日에解禁

기사가 삭제된 『조선일보』 호외(『조선일보』, 1927. 1. 13 호외)

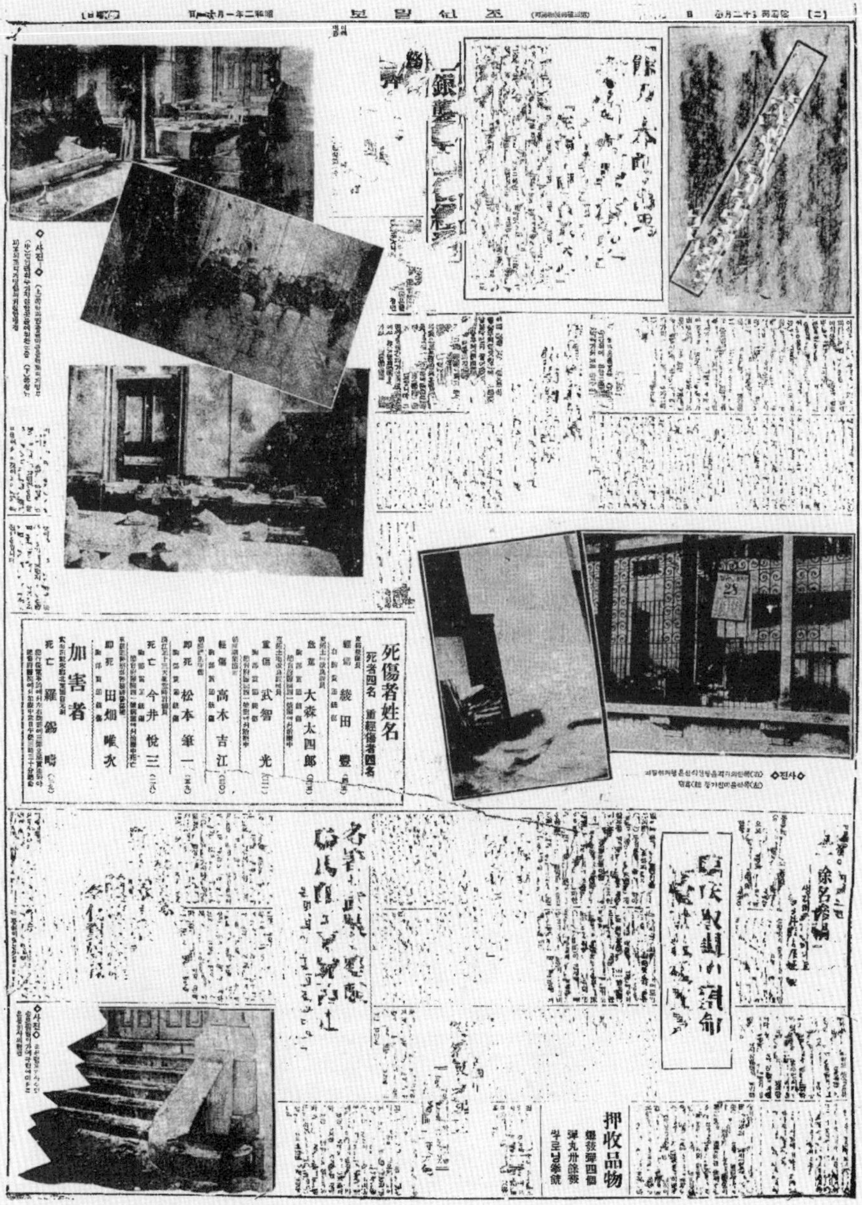

死傷者姓名

死者四名 重輕傷者四名

輕傷 綾田豐

危篤 大森太四郞

重傷 武智光

輕傷 高木吉江

即死 松本肇一

死亡 今井悅三

即死 田畑唯次

加害者

死亡 羅錫疇

押收品物

載寧北栗面出生羅錫疇
東拓 殖銀襲擊事件顚末
◇揭載禁止中十二日午前十一時發表

黃海四郡前後犯行

苦力으로變裝潛入

殖銀과東拓을襲擊

力盡하자自殺圖謀

被害者住所及被害狀態

屍體는長男에引渡

全朝鮮國事犯
旣決未決七百餘
恩赦圈內는極少數

國事犯의種別

四頁에亘한號外
連三次押收
◇第四號外까지發行

正義府와聯絡
革命黨組織

溺死屍十餘는
尙今發見茫然

新御園白粉
참으로安心하고쓰실
……純無鉛白粉의權威……
良好한白粉을選擇하시오

나석주 의거 보도기사(『조선일보』, 1927. 1. 14)

朝鮮日報
사진설명
貞信女學校
불화의원인
샤회사업

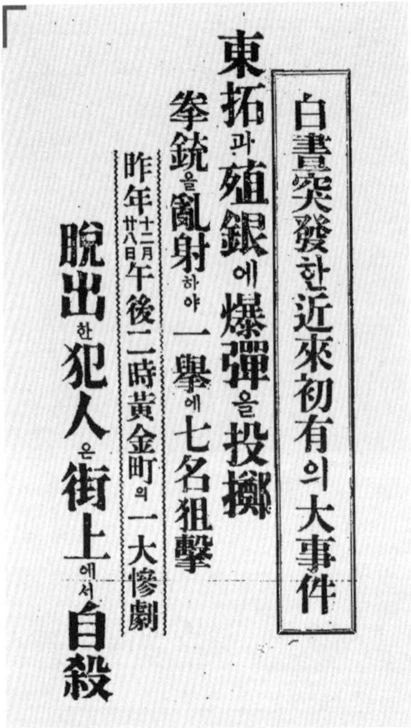

白晝突發한近來初有의大事件

東拓과殖銀에爆彈을投擲

拳銃을亂射하야一擧에七名狙擊

昨年十二月廿八日午後二時黃金町의一大慘劇

脫出한犯人은街上에서自殺

나석주 의거 기사 제목
(『동아일보』, 1927. 1. 13 호외)

보도 금지가 풀리자 『조선일보』와 『동아일보』는 즉시 호외를 발행하여 비로소 당시의 상황을 전했다. 『조선일보』는 4면짜리 호외를 제작했으나 일제 당국이 기사 내용을 트집 잡아 압수했다. 이렇게 세 차례에 걸쳐 호외 제작과 압수가 이어진 끝에 네 번째에 가서야 대부분의 기사가 삭제된 채 호외를 발행할 수 있었다. 『동아일보』 역시 호외를 재발행해야 했다. 겨우 발행된 『동아일보』의 다음과 같은 기사의 제목에서 당시의 충격이 전해진다.

> 백주白晝 돌발한 근래초유近來初有의 대사건!
>
> 동척과 식은에 폭탄을 투척
>
> 권총을 난사하여 일거에 7명 저격, 작년 12월 28일 오후 2시 황금정의 일대 참극, 탈출한 범인은 가상街上에서 자살

나석주는 동척과 식산은행에 폭탄을 던지고 모두 7명의 일본인을 저격했는데, 그중 경기도 경찰부 경부보를 포함한 3명이 사망하고 4명이 중경상을 입었다. 아쉽게도 폭탄은 2개 모두 터지지 않았다. 일제 당국은 안전핀을 뽑지 않고 던졌기 때문이라고 발표했다. 그러나 이는 그대

로 믿기 어렵다. 나석주는 두 곳의 무관학교에서 정식 군사훈련을 받았고 중국 군대에서 복무한 경험도 있었다. 또 이 투탄 거사는 그가 수없이 마음속으로 되뇌고 담대하게 준비한 것이었다. 그런 그가 그것도 두 번씩이나 안전핀을 뽑지 않았다는 것은 상식적으로 믿기 어렵다. 더구나 동척에서는 거의 무인지경으로 거침없이 행동했던 그였다. 그를 무력으로 저지하는 이도 없는 상황이었다. 일제의 발표는 거사의 의미를 퇴색시키기 위해 조작한 것으로 읽힌다. 『동아일보』 사설에서 보듯이 "당국이 발표하는 그대로" 게재하라고 언론사를 겁박한 것도 이런 심증을 더욱 굳혀준다. 안전핀을 뽑고 던졌다면 왜 안 터졌을까? 폭탄이 불량품이거나 거사 전 오랫동안 보관하고 있었기 때문에 불발되었을 가능성이 큰 것으로 보인다. 그리고 이는 다른 의사들의 의열투쟁 과정에서도 간혹 발견되는 아쉬운 장면이기도 하다.

신문은 투탄 의거와 자결하기까지 종횡무진 활동한 전말을 보도한 후 저격당한 일본인들의 이후 상황을 전했다.

> 사건 발생과 당시의 시내 피해자 중 세 명은 필경 사망하고 범인도 총독부의원에서 절명돼.
> 사건이 일어났던 당일, 전기 동척 실내와 그 뒷문 밖과 황금정 2정목 길거리 등 현장에는 선혈이 임리淋漓한 목불인견目不忍見의 참상을 연출하였었는데 실내에 혹은 길 위에 피에 쌓여 쓰러져 신음하고 있는 피해자들을 기마경관과 무장경관들이 삽시간에 수없이 모여 늘어서 있는 가운데로 자동차 혹은 들것들에 담아 연달아 병원으로 운반하여 가는 광경이 완연

히 전장戰場과 같은 수라장을 이루었었다.

전기 피해자 중 전전田畑 경부보는 심장을 맞아 운반하여 가던 자동차 안에서 절명되었고 수위 송본松本은 머리를 맞고 문밖으로 뛰어나가 돌층대 위에 쓰러져 있는 것을, 시계점원 목촌木村은 가슴을 맞고 그길로 달아나 그 맞은편 중서中西 자전거포에 가서 쓰러져 있는 것을 각기 총독부 의원으로 운반하여 갔었으나 절명되어 세 명이 죽고, 또한 동척사원 무지광武智光은 가슴을 두 번이나 맞은 후에 층층대에서 떨어져 부상까지 한 관계로 총독부 의원에서 생명이 경각에 달려 있는 중이었었고, 동 사원 대삼大森도 가슴을 맞아 동 의원에서 생명이 심히 위독한 중에 있었으나 그 후로 모두 경과가 양호하다 하고, 잡지기자 고목길강高木吉江 씨도 가슴을 맞아 욱정 2정목 뇌호 의원에서 역시 생명이 위독한 중이었었으나, 그 후 경과가 양호하다 하며, 기술과장 능전풍綾田豊씨만은 바른편 팔과 가슴을 맞았으나 총알이 갈비에 닿아 내부로 들어가지 않았으므로 경상이 되어 영락정 식촌植村 의원에서 치료를 받고 있는 중이었었는데 범인 나석주는 자기 가슴을 세 번이나 쏜 중에 두 방이 가슴을 뚫고 나아가 총독부 의원에서 캄풀 주사로 일시 정신을 회복하였었으나 약 한 시간 반가량 뒤에 그만 절명되고 말았다.

출생과 성장

교육을 통해 민족현실에 눈뜨다

나석주는 1891년 황해도 재령군 북률면 진초리進礎里 '나무리' 동네에서 소작인 나병헌羅秉獻과 부인 김해김씨의 장남으로 태어났다. 두 명의 누이동생이 있었으나 한 사람은 어렸을 때, 또 한 사람은 23세에 사망했기 때문에 그의 집안은 단출하고 외로웠다. 그런데 그의 출생년도에 대해서는 자료가 상이하여 검토가 필요하다. 북한 지역 출신으로 제적등본이 확인되지 않기 때문에 각 자료를 비교 분석해야 한다.

먼저 송상도의 『기려수필』에는 고종 기축생, 즉 1889년이라고 기록되었다. 다음으로 막내딸 나응서가 광복 이후인 1969년 『신동아』에 게재한 글에는 부친의 생년이 1886년이라 했는데, 간지로 고종 26년 기축년이라고 부기했다. 기축년은 1889년이므로 서기 연도와 다르다. 나

재령평야 전경

응서의 부친에 대한 회고기는 『기려수필』의 내용을 그대로 인용한 경우가 상당히 많다. 나응서의 기록을 그대로 인용한 독립운동사편찬위원회의 『독립운동사』에도 생년이 1889년으로 나온다. 거사 직후인 1927년의 『신한민보』 기사에는 단기 4224년, 즉 1891년으로 되어 있다. 그런데 북률면 남지리 출생이라 하여 출생지가 다르다. 또 기념사업회가 1986년에 발간한 지금까지 나온 가장 자세한 평전인 『김상옥·나석주 항일실록』에는 1890년생으로 되어 있다. 같은 책의 맨 뒤에 수록된 '나석주 열사 연보'에는 연도와 연령을 병기했는데, 1895년 당시 4세라고 하고 1890년 당시 0세라고 하여 계산이 맞지 않는다. 이를 역산하면 1891년이 되어 본문 내용과 상이하다. 동지였던 손기업이 광복 후에 작성한 추도사에는 1892년생으로 되어 있다.

나석주의 본가와 가족
(『조선일보』, 1927. 1. 13 호외)

연도가 분명하게 표기된 기록 외에 연령으로 기재된 기록도 있다. 거사를 상세하게 보도한 1927년 1월 13일 『동아일보』 호외에는 1926년 순국 당시 35세라고 나온다. 반면 『조선일보』 1928년 1월 13일자 호외와 14일자 기사에는 39세라고 한다. 무엇보다 나석주 자신이 동지에게 보낸 편지가 남아 있다. 1925년 8월 25일자 편지인데, 내용 중 "34세를 일평생으로"라는 구절이 있다. 또 거사 직후인 1927년 1월에 작성된 것으로 보이는 작자 미상의 추모글에는 36세라고 되어 있다. 연령으로 표기된 기록도 차이를 보인다. 즉 1926년 당시 35세나 36세 또는 39세, 1925년 당시 34세 등이다. 가장 중요한 1925년 자신이 쓴 편지의 34세를 환산하면 1891년이 된다. 그런데 그가 기록한 34세가 이른바 '서양식 만 나이'인지, '전통식 나이'인지 알 수 없다. 서양식이었다면 1891년, 전통식이었다면 1892년이 된다. 『동아일보』 호외 기사도 동일한 연령인 점을 감안하면 '서양식 만 나이'로 볼 수 있을 것 같다. 기록마다 출생년도가 달라서 확정하기가 쉽지 않다. 나석주 자신이 기록한 편지의 나이와 당시 『동아일보』 등의 언론보도에 근거하여 1891년으로 추정했다.

그는 1902년 열한 살의 나이로 네 살 위인 이문성李文成과 결혼했다. '나무리' 동네는 대대로 나 씨 가문이 모여 살아왔기 때문에 일가가 많았고, 또 서당이 있어 어려운 형편이었지만 어려서부터 한문을 수학할 수 있었다. 따라서 나석주는 한문에 상당한 소양을 가지게 되었다. 그는 서당을 다니다가 마침 진초리에 신학문을 가르치는 보명普明학교가 설립되자 16세 때 입학했다. 보명학교는 지역민이 자금을 추렴하여 설립한 사립학교였다. 나무리 지역은 비옥한 농토로 인해 소작인들도 비교적 여유가 있었다. 또한 시대의 변천에 순응하여 운수雲水학교, 보강普强학교, 진초進礎학교 등 근대적 사립학교도 설립하여 자제들을 교육했다.

『동아일보』에 의하면 20세 때 보명학교 고등과를 졸업했다고 한다. 1911년이다. 반면 『조선일보』 1927년 1월 13일자 호외에는 18세에 보명학교를 졸업했다고 하는데 1926년 39세라고 하니 환산하면 1905년이 된다. 막내 딸 나응서의 『신동아』 회고에는 1908년에 졸업한 것으로 되어 있다.

보명학교 시절 나석주는 당시의 교장 김정홍이 "학업성적이 우수했으며 그의 성격은 표면으로는 유순하나 매우 강직하며 모험을 좋아하고 비

1906년 교육활동 당시의 김구(뒷줄 오른쪽 끝)

밀을 생명으로 알았다"라고 한 것으로 보아 총명하고 담대했음을 알 수 있다. 나석주는 보명학교에서 수학하며 근대적 교육을 접할 수 있었으나, 이에 만족하지 않았다. 인근 안악安岳에 설립된 양산楊山학교에 다니며 민족의식을 키워갔다. 그가 양산학교에 다니던 때는 1911년경으로, 나라가 망한 상황을 체감하며 구국의 신념을 다져갔을 것으로 보인다.

당시 양산학교에는 백범 김구가 교사로 재직하고 있었다. 김구는 1904년경부터 교육구국운동에 투신하여 광진학교·봉양학교 등에서 교사로 활동했다. 1907년에는 김용제 등이 설립한 양산학교에 교사로 초빙되어 안악으로 이주했다.

안악은 1907년 전후부터 황해도 신교육운동의 중심지로 부각된 지역

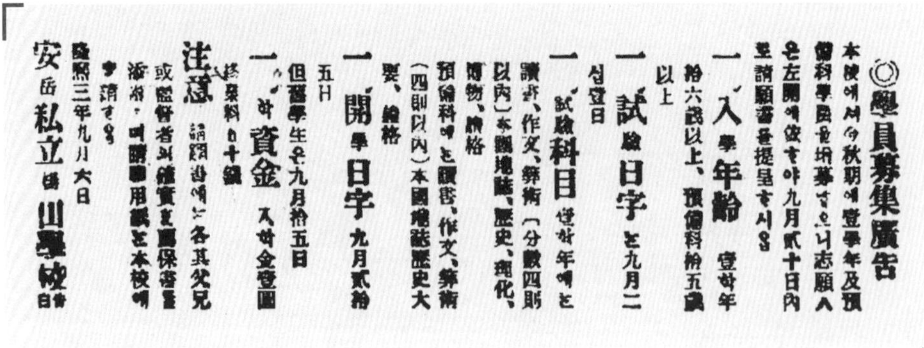

◎學員募集廣告

本校에서今秋期에壹學年及預備科學員을增募す오니志願人은左開에依す야九月貳十日內로請願書를提呈す시옵

一 入學年齡 壹학年은十六歲以上、預備科는十五歲以上

一 試驗日字 는九月二십壹日

一 試驗科目 壹학年에는讀書、作文、算術(分數四則以內)本國地誌、歷史、理化、博物、體格 預備科에는讀書、作文、算術(四則以內)本國地誌歷史大要、體格

一 開學日字 九月貳拾五日 但舊學生은九月拾五日

一 入학資金 入학金壹圓 授業料는十錢

注意 請願者에는各其父兄或監督者의確實호保證書를添付, 此請願用紙는本校에請す오

隆熙三年九月六日

安岳私立楊山學校白

양산학교 학생모집 광고(『대한매일신보』, 1909. 9. 10)

이었다. 안악에는 지역 유지들에 의해 면학회勉學會도 조직되어 있었다. 면학회는 1906년 최명식·김용제 등이 숭실중학 출신으로 일본에 유학했던 최광옥崔光玉의 권유와 지도를 받아 민지계발民智啓發·교육장려·산업증진 등을 목적으로 조직한 단체였다. 1908년에는 면학회가 중심이 되어 양산학교에서 해서교육총회海西教育總會를 조직했고, 김구가 학무총감에 선임되어 황해도 내의 교육기관을 설립·운영하는 책임을 맡게 되었다.

1908년 10월 양산학교가 확장되어 양산중학교를 별도로 설립하여 60여 명의 학생으로 개교했다. 김구는 『백범일지』에서 양산학교가 중학부와 소학부로 분리되었고 김홍량이 교주 겸 교장을 맡았다고 했는데, 일본 유학생 출신의 김홍량은 안악의 갑부 김효영의 손자였다. 『대한매일신보』 1909년 9월 10일자에 실린 모집 광고를 보면, 이 학교의 1학년 신입생은 16세 이상으로 독서·작문·산술·본국지지·본국역사·이화학·박물·체격 등을 시험하여 선발했고, 예비과를 두고 있었다. 김구는 소학교를, 최명식과 박문엽이 중학교를 담당했다. 김구는 1908년 7월 전후에 신설된 양산학교의 야학과도 맡았다.

나석주가 양산학교의 어떤 과정을 다녔는지는 불분명하다. 북률면 진초리 보명학교의 고등과를 졸업했으므로 양산학교의 중학부에 입학했다고 봐야 하는데, 중학 과정을 수료했는지는 알 수 없다. 나석주의 거사 이후 그의 행적을 보도한 『동아일보』는 "사립 보명학교에 입학하여 20세에 동교 고등과를 졸업한 후 당시 안악에서 상해 가정부假政府 경무국장 김구 씨 등이 경영하던 당시 양산학교에서 배운 일도 있었는데"라고 하여 안악 양산학교에서 수학한 것으로 보도했다. 김구는 『백범일지』에서 자신이 나무리에 내왕하면서 나석주와 종종 만났다는 사실을 기록하면서도 나석주가 양산학교 학생이라고 명확히 밝히지는 않고 있다. 이로 미루어보아 나석주가 양산학교에 정식으로 입학해서 졸업한 것 같지는 않다. 그러나 어떤 형태로든 양산학교에서 김구를 만나 사제관계를 맺은 것으로 보인다.

김구는 1909년경부터 재령군 북률면 무상동에 소재한 보강학교 교장도 겸무하고 있었다. 보강학교는 노동회 두령 이수길이 교장을 맡고 노동자들의 기부로 1909년 1월에 설립된 노동학교였다. 김구가 교장으로 초빙되었을 당시에는 허정삼이 교감으로 재임했고, 전승근이 주임 교사, 장덕준張德俊이 교사로 재임하고 있었다. 안악에서 20리 떨어진 보강학교는 안악읍에서 신환포 하류를 건너 오가야 했는데, 1주일에 한 번씩 나갔다.

김구는 그러한 활동을 하는 가운데 재령에 살던 나석주와 이재명, 장덕준 같은 지사들을 만났다. 장덕준은 이후 『동아일보』 창간에 참여했고, 1920년 『동아일보』 조사부장으로 일본 군대가 만주의 한인들을 참살한 경신참변의 실상을 조사하다가 피살된 최초의 순직 기자였다. 그의 아우인 장덕진張德震도 독립운동에 뛰어들어 평남 경찰부 폭파 의거에 참여하고 의열단에 가입하여 활동했다. 나석주가 1920년대 초 상해에서 장덕진과 긴밀한 동지적 관계를 맺게 되는 것도 중국 망명 이전부터 동향 출신으로 잘 아는 사이였기 때문이었을 것이다.

나석주가 교육을 통해 김구와 맺은 사제의 인연은 이후 나석주의 생애에 지속적이고 결정적인 역할을 했다. 나석주가 중국 망명 이후 임시정부에서 김구의 측근으로 활동한 것이나, 생의 마지막 활동인 투탄 의거 과정도 김구와 지속적으로 연계되어 있는 것에서 이를 알 수 있다.

만주 이주와 군사교육

나석주는 1910년 경술국치를 당하자 만주로 이주를 추진했다. 이러한 상황을 『동아일보』는 다음과 같이 전하고 있다.

> 경술년 이후 시국에 대한 불만을 품고 당시 그의 여러 동지들이 고국을 떠나 북간도 등지로 향할 때 그 역시 같이 가려 했으나 외아들인 관계로 양친 부모를 생각하여 주저하고 있다가 그가 스물세 살 되던 해 봄에는 마침내 그 불만을 참지 못하여 늙은 부모를 고향에 남겨두고 처자를 데리

고 북간도 모아산帽兒山이라는 곳으로 들어가 살았다.
간도로 들어간 나석주는 그곳 싼더꼬우三道溝라는 곳에서 당시 이동휘李東輝 씨가 경영하던 무관학교에 입학하여 여덟 달 만에 우수한 성적으로 졸업을 한 후로는 이동휘의 휘하에 있다가 스물다섯 살 나던 해 여름에 고향에 있는 모친의 병세 위독으로 다시금 처자를 거느리고 고향에 돌아왔다.

이와 유사한 내용이 『독립운동사』 7권에는 다음과 같이 기재되어 있다.

그가 보명학교를 졸업한 1908년은 5적賊의 손에 의해 소위 을사보호조약이 체결된 3년 후로 구국의 웅지를 품은 젊은이들이 국내에서 또는 북간도로 가 독립운동에 몸 바치려는 때였다. 나석주도 북간도로 가는 보명학교 졸업생들과 같이 떠나려 하였으나, 부모의 말씀을 거역할 수 없어 떠나지 못하고 경술국치를 앉아서 당하게 되었다.
그는 나라를 잃은 설움이 북받칠 때에는 방문을 닫아걸고 구국의 방도를 강구하였고, 또 울분이 터져 나오면 훌훌 몸을 털고 아직 북간도로 가지 못한 동지들과 국내에 있어서의 독립운동의 방법을 숙의하고 돌아오곤 하였다. 그러나 그는 수많은 애국지사들이 모여들어 독립운동의 기지가 되어가고 있는 북간도와 노령지방으로 이주를 단념할 수 없었다.
마침 이때 나석주 집에서 소작하던 토지가 일제의 조선인 수탈 국책회사인 동양척식회사로 넘어가게 되었다. 나석주는 지금까지 붙여먹던 집의 땅이 이제 일본놈 것이 되매, 일본놈의 땅을 소작한다는 것은 상상조차 할 수 없는 일이었으므로 고향땅에서 눌러 산다는 것은 불가능하다고 생각하게 되었다. 나석주는 조부를 간곡히 설득하여 북간도로 일가를 솔가하기로 작정하였다. 이리하여 나석주는 먼저 처와 두 아이를 데리고 북간도로 가서 그곳에 정착하여 살고 있는 그의 종형 나석연羅錫淵과 같이 농토를 장만해놓고 부모를 모셔가기로 하고, 1913년 북간도의 모아산이란 곳으로 떠났다.

그런데 그는 북간도로 가 일가의 생계를 지탱할 농토를 마련하는 데 힘을 기울이지 않고 이동휘가 경영하는 무관학교에 입학하여 잃어버린 나라를 되찾아야 되겠다는 구국의 일념에 불타 있었기 때문에 가족들은 심한 고생을 겪지 않을 수 없었다. 그리하여 나석주는 그곳 무관학교를 8개월 만에 졸업하게 되었다. 나석주가 북간도로 간 1년 후의 일이었다. 어머니가 중환으로 만리타향으로 이주할 수 없게 되었을 뿐 아니라, 어머니의 간청으로 독립운동을 일시 중단하고 1915년에 일가족을 이끌고 다시 고향으로 돌아왔다.

『독립운동사』의 기록은 앞의 『동아일보』 기사와 유사하면서도 조금 차이가 있다. 먼저 보명학교 졸업 시점이 1908년으로 나오고 생년도 1886년으로 상정하고 있다. 또한, 북간도 이주를 시도한 시점도 조금 다르다. 『동아일보』에 의하면 1910년 경술국치 이후 북간도 이주를 계획했으나 노부모 때문에 실행하지 못하다가 23세 되던 해, 즉 1914년 북간도로 이주했다고 한다. 반면 『독립운동사』에는 그가 1908년 보명학교를 졸업한 후 동교 학생들과 북간도 이주를 계획했으나 부모 때문에 가지 못하고 1910년 경술국치를 맞이했다고 한다. 즉 만주 이주계획이 경술국치 전과 후로 상이하다. 북간도 이주 시기도 1913년과 1914년으로 다르다. 그런데 『백범일지』에는 이와 다른 기록이 보인다.

당시의 상황을 보여주는 『백범일지』의 기록은 다음과 같다.

> 아직 20 내외의 청년으로서 소년·소녀 8~9명을 배에 싣고 왜의 철망을 벗어나 중국 방면에 가서 마음대로 교육할 양으로 떠나가 장연長淵 오리포梧里浦에서 왜경에게 붙들려서 여러 달 옥고를 받고 나와서 겉으로는 장사도 하고 농사도 한다 하면서 속으로 청년 간에 독립사상을 고취하고 직접 간접으로 교육에 힘을 써서 나무리벌 청년의 신망을 받는 중심인물이 되어 있었다. 나도 종종 나무리에 내왕하면서 그와 만났다.

이에 의하면 나석주는 1914년 북간도로 이주하기 전에 이미 중국 망명을 시도한 적이 있는 것으로 나타난다. 즉, 동지 8~9명과 함께 중국으로 건너가려다가 장연군 오리포에서 일경에 체포되어 여러 달 동안 옥고를 치렀다는 것이다. 『백범일지』에 의하면 김구가 재령군 나무리를 오가던 시절이었다고 하니 그가 무상동 보강학교 교장으로 재임하던 시기, 즉 1909년부터 소위 105인 사건으로 체포되는 1911년 사이의 일일 것이다. 아무튼 1910년 경술국치를 전후하여 나석주는 한 번 중국 이주를 시도했으나, 도중에 체포되어 여러 달 옥고를 치렀으며 이후 향리에서 청년들과 독립사상을 함양하며 지역의 중심인물로 성장하고 있었음을 알 수 있다.

그러다가 마침내 1914년 처자를 동반하고 북간도 모아산으로 이주하들 말하였다。 나는 직원을 명하야 밤에 숨어서 지키라 하였다。 이를 만에 불을 놓는 도깨비를 등시포착하고 보니 동네 서당의 훈장이었다。 그는 학교가 서기 때문에 서당이 없어서 제가 직업을 잃은 것이 분하여서 이렇게 학교에 불을 놓는 것이라 고 자백하였다。 나는 그를 경찰서에 보내지아니하고 동네를 떠나라 고 명하였다。

이 지방에는 큰 부자는 없으나 나무리 크고 살진 벌이 있어서 다들 가난치는 아니 하였다。 또 주민들이 다 명민하야서 시대의 변천을 잘 깨달아 운수(雲水)、 진초(進礎)、 보강、 긔독(基督)등 학교들을 세워 자녀를 교육하는 한 편으로는 농무회(農務會)를 조직하야 농업의 발달을 도모하는 등 공익사업에 착안함이 실로 보암즉하였다。 의사 나석주(羅錫疇)도 이 곳 사람이다。 아직 이십내외의 청년으로서 소년、 소녀 팔구 명을 배에 싣고 왜의 철망을 벗어나 중국방면에 가서 마음 대로 교육하량으로 떠나가 장연 오리포(梧里浦)에서 왜경에게 부뜰려서 여러 달 옥고를 받고 나와서 겉으로는 장사도 하고 농사도 한다 하면서 속으로 청년 간에 독립사상을 고취하고 직접간접으로 교육에 힘을 써서 나무리벌 청년의 신망을 받는 중심인물이 되어 있었다。 나도 종종 나무리에 내왕하면서 그와 만났다。

『백범일지』

게 된다. 이주를 결행하게 된 데는 나석주가 소작하던 토지가 동척에 넘어간 것도 하나의 계기가 되었던 것 같다. 재령군의 토지는 왕실의 궁장토였으나, 일제의 토지조사사업 이후 국유지로 편입되었다가 동척에 불하됨으로써 이 지역의 소작인들은 대부분 동척의 소작농으로 전락하고 말았다. 항일의식이 강했던 나석주에게 동척의 토지 수탈은 참을 수 없는 일이었다. 이에 따라 종형 나석연이 살고 있던 북간도 모아산으로 이주했다. 이주 후 나석주는 이동휘가 설립한 동림무관학교東林武官學校에 입학하여 8개월간 군사교육을 받았다. 동림무관학교는 이동휘가 김립·이종호 등과 1914년 4월 중국과 러시아의 국경지대인 왕청현汪淸縣 나자구羅子溝 한인촌에 장교 양성을 위해 설립한 학교다. 나자구에 있었으므로 나자구무관학교羅子溝武官學校로도 불렸다. 이는 이동휘 등이 1914년 러일전쟁 10주년을 계기로 제2의 러일전쟁을 예상하며 무력투쟁을 위한 장교를 양성하기 위해 설립한 것이다. 나석주가 가족의 생계를 돌보지 않고 항일군사교육에 나섰으므로 물설고 낯선 이국땅에서 가족들의 고생은 이루 말할 수 없을 정도였다.

무관학교 졸업 후 본격적으로 항일투쟁에 나설 생각이었으나, 때마침 모친 김 씨가 위독하다는 전갈을 받게 되었다. 외아들로서 효성이 지극했던 나석주는 번민 끝에 1916년 결국 귀국하게 된다. 노부모의 봉양도 그에게는 참으로 중요한 일이었다.

일제의 식민지 수탈과 농민항쟁
– 동척, 식산은행의 수탈

동양척식주식회사의 토지 수탈

일제는 러일전쟁을 틈타 한국의 황무지개간권을 요구한 바 있었다. 이는 전 국토의 1/4에 해당할 정도로 광대한 면적이었다. 그러나 개간이라는 명목으로 한국의 토지를 수탈하려던 일제의 의도는 보안회 등을 중심으로 한 한국인의 격렬한 반대에 부딪혀 뜻을 이루지 못했다. 그 후 일제는 한국에 통감부를 설치하여 실질적 지배권을 확립하자, 1908년 12월 마침내 동양척식주식회사를 설립하여 본격적인 토지 수탈에 나섰다.

일본 정부는 1907년 "한일의 정치적 관계를 공고히 하고 경제적 관계를 발전시키기 위한 방책으로는 척지식민拓地殖民을 제외하고는 다른 좋은 방책이 없다"는 내용의 동척 설립안을 결정했다. 이어 다음 해 3월 "한국 농업의 개량 진보를 촉진하고 한국의 토지를 개척함으로써 그 부원富源으로 한일 양국의 화친을 두터이 하고, 양 국민 간의 경제적 관계를 발달시키기 위해 당장 필요한 조치임을 인정한다"라는 취지서와 함께 「동양척식주식회사법」을 일본 제국의회에 제출하여 가결했다. 동척의 처음 자본금은 1,000만 원이었다. 한국 정부도 대주주로 참가하여 토지(역둔토 5,700정보, 당시 평가액 300만 원)를 출자했다. 일본 정부는 동척에 대한 보조금으로 매년 30만 원을 8년간 지출하고 정부의 원리보증 아래 사채社債 2,000만 원을 발행했다. 동척의 총재로는 현역 육군 중장을 임명하고 부총재와 이사 등을 두었는데, 한상룡 등 친일 한국인도 일부 포함되었다.

동척의 설립 목적은 한국에서의 척식사업 경영이었다. 동척의 업무는 농업은 물론이고 척식을 위해 필요한 토지의 매매와 경영 관리, 한일 이주민의 모집과 분배, 이주민과 한국 농업자에 대한 물품의 생산과 공급, 자금의 공급 등이었고 부대사업으로는 수산업, 기타 척식을 위해 필요한 사업의 경영 등이었다.

동척의 토지는 한국 정부가 출자한 토지와 동척이 매수한 토지로 구성되었다. 한국 정부의 출자지는 역둔토 전답 5,700정보였다. 이는 역둔토, 궁장토 10만 정보 중에서 사업 경영상 가장 유리하고 우량하다고 하여 선정된 토지였다. 그 외에 동척은 1913년까지 이미 소유하고 있던 역둔토에 근접한 민간인 소유 토지를 대량으로 매수했다. 매수지는 1913년 현재 4만 7,000여 정보(1,076만여 원)였다.

일제는 매수과정에서 국가 권력을 배경으로 불법행위를 저질렀다. 예를 들면 전남 영산포 부근의 궁삼면에서 사실상 민유였던 토지를 동척이 경선궁慶善宮이라는 궁가宮家로부터 매수하여 문제를 일으켰다. 동척이 목포라는 개항장을 배후지로 두고 있는 영산강 주변의 토지를 집중적으로 매수한 것은 일본인 이민을 유치하기 위함이었다. 동척은 1913년 이후에도 매수를 계속하여 1919년 현재 소유한 토지가 7만 8,520정보나 되었다.

동척의 사업 중 하나는 출자지와 매수지에 일본인을 이주시켜 지주경영을 하는 것이었다. 일본 의회는 매년 1만 명 이상을 농업 이민으로 내보내야 한다고 떠들어댔다. 일제는 1910년 「이주민 취급규칙」을 정한 이래 매년 농업 이민을 모집했다. 이주민은 처음 갑종(자작)·을종(소작)으로 구분되었는데, 1914년 이후로는 자작(2정보)을 목표로 하는 제1종과 소지주(10정보)를 목표로 하는 제2종으로 나뉘었다. 1921년 이후로는 제2종인 소지주만으로 모집했다. 결국, 한국에서 지주로 생활할 이주민을 모집한 것이다. 동척은 이들이 지주로서 성장할 수 있도록 자금이나 이주비 등을 지원했고, 그 밖에도 다른 보호와 원조를 아끼지 않았다.

동척은 또 자금의 융자를 비롯하여 수리·토목·산림 등을 경영했다. 일제는 1917년 동척의 「회사법」을 개정하여 '한국에서의 척식사업'이라는 항목을 '조선 및 외국에서의 척식 자금의 공급, 기타 척식사업의 경영'으로 바꿨다. 동양척식주식회사라는 이름에 걸맞게 영업 활동의 범위가 중국을 비롯한 필리핀, 남양 제도, 말레이 반도 등으로 확장된 것이다. 그리고 사업의 제1 목표가 농업에서 금융으로 바뀌어 '척식은행'의 형태로 자금을 공급하는 데 주력했다. 1919년 현재 동척은 7,000만 원의 대부금을 보유했다. 같은 해 동척의 자본금은 5,000만

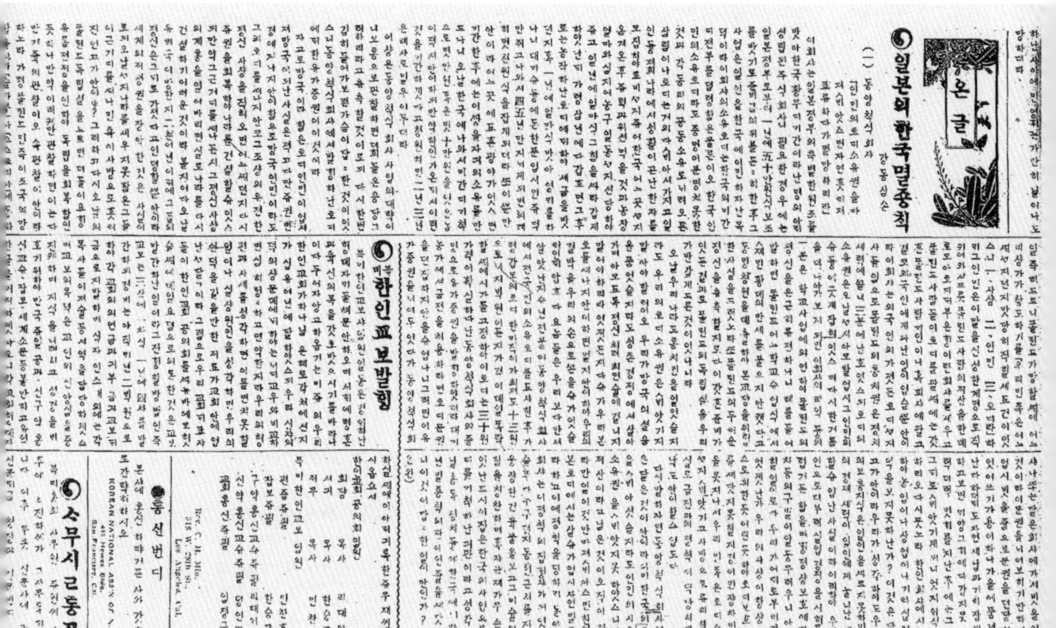

「일본의 한국 멸종책」(『신한민보』, 1918. 2. 21)

원으로 증자되었다.

동척의 수익은 대부금 이자, 유가증권 수입, 농지와 산림의 수입 등 세 가지였다. 즉 토지를 저당 잡고 대금업을 하거나, 저당 잡힌 토지를 수탈하거나, 동척 자신이 지주로서 소작농에게 고율의 소작료를 징수하는 것이 주요 이익원이었다. 동척은 일반 은행과 같이 예금을 취급하는 금융기관이 아니었다. 따라서 농민이 돈을 빌릴 때는 토지를 저당으로 잡혀야 했다. 당시 한국에서 저당을 잡힐 만한 물건으로는 토지밖에 없었다. 그런데 토지를 저당 잡히고 돈을 빌린 농민은 이 돈을 상환할 수 없었다. 따라서 저당 잡힌 토지는 대개 동척의 수중에 들어갔다. 동척은 이러한 수법으로 토지를 집적했다. 또한, 소작농에 대한 고율의 소작료는 가장 확실한 수입원이었다. 동척의 이러한 수탈에 비례하여 한국 농민들의 원한도 쌓여갔다.

동척의 재령군 토지 수탈과 농민항쟁

동척은 설립과 동시에 토지 취득에 착수했다. 한국 정부의 모든 출자지는 설립 후 곧바로 동척 지배하에 편입되었다. 한국 정부의 출자지는 역둔토 전답 5,700정보였다. 그런데 출자지 면적은 논밭 5,700정보라는 큰 틀만 규정되었기 때문에 실제로는 자유로운 선택과 교환이 이루어졌다. 동척은 출자지의 지목과 지역을 자유롭게 선택하여 비옥하고 우량한 토지만 편입했다. 즉, 역둔토와 궁장토 10만 정보 중에서 사업 경영상 가장 유리하고 우량한 곳을 마음대로 고른 것이다.

예를 들어 제1회 인수분으로 경기·경남·황해 3도 가운데 그 25%에 해당하는 논밭 각 1,424정보가 선택되었다. 이 가운데 경남의 논 494정보와 밭 119정보는 그대로 확정되었지만, 경기도 2부 3개 군에 소재한 밭 1,158정보, 황해도 3개 군에 소재한 논 830정보와 밭 132정보는 대폭 교환되어 최종적으로 한성부의 밭 485정보와 황해도 재령군의 논 1,235정보로 확정되었다.

요컨대 동척의 제1회 전체 인수분의 절반 이상이 재령군의 논과 교환

된 것이다. 특히 논의 편입은 재령군에 집중되어 재령군의 대부분 논이 동척으로 넘어갔다고 해도 과언이 아니었다. 재령군은 황해도 곡창지대의 중심인 재령평야의 중심부에 위치한 비옥한 벼농사 지역이었다. 따라서 금싸라기 같은 재령군의 농지가 동척의 안정적인 수입원으로 필요했던 것이다. 토지 편입이 이곳에 집중된 것은 토지 관리라는 측면에서도 매우 편리했기 때문이었다.

그중에서도 나석주의 고향인 재령군 북률면은 나무리들(남을이들) 또는 여물평餘勿坪 일대로서 재령강이 흐르는 옥토 평야이며 규모도 컸고, 또 재령강이나 경의선京義線을 이용한 수륙교통이 편리한 곳이기도 했다.

북률면은 조선왕조의 궁장토로서 이곳 주민은 대부분 궁장토의 소작인으로 살아온 사람들이었다. 왕실 장토의 소작료는 수확물의 1/3이 일반적이었는데, 흉년에는 감량 또는 면제되기도 했다. 이는 각 궁장토의 일반적인 경향이었다. 그런데 1908년 일제 통감부의 조정에 의해 대부분의 궁장토는 정부의 탁지부가 관할하게 되었고, 이후 지주적 경영방식이 여러 가지로 변모하게 되었다. 소작을 문서화하는 제도를 만들어 계약 기간을 5년으로 규정하여 지금까지 대대손손 경작해오던 농민을 소작 기간으로 결박하는 등 여러 가지 구속사항이 나오게 되었다. 또 지금까지 일정하지 않던 소작료를 상세하게 규정하여 대체로 4할 이상으로 했는데, 동척 소작농의 경우 5할이 일반적이었다.

북률면의 동척 농토는 약 2,300정보로서 전 농지의 9할에 해당했다고 하니 이 지역의 농민은 거의 동척의 소작농이었다고 해도 과언이 아니다. 아울러 소작 기간 3년을 원칙으로 한 소작 이동의 압력 속에서 살게 되었다. 소작료도 종래보다 고율인 5할을 지불해야 했는데 약간의 흉년만 들어도 6~7할이 되었다. 그 외에 농비의 공제 등을 고려하면 수확물의 1~2할로 생활해야 하는 가난한 농민으로 전락하게 되었다.

이와 같이 동척의 소작인으로 전락한 뒤부터는 계약 기간의 압력과 소작권 박탈의 횡포 속에 대대손손 경작하던 토지를 빼앗기고 타지로 이주해야 했다. 더구나 동척 이민 제1종은 2정보 이민으로 자작 농가의 이민이었으니 기름진 땅은 일본인에게 넘기고 소출이 적은 땅으로 쫓겨다녔다. 이러한 소작권 이동은 농민의 생존권을 위협하는 최대의 불안 요인이었다. 거기에 일본인의 이민과 소작인 사회 자체 내의 인구 증가로 소작지는 점점 축소되어가고 있었다. 일제는 1920년대 전후 경제불황을 식민경제의 착취를 통해 극복하려 했다. 결국 동척은 일제의 저미가 정책에 따른 곡가의 하락으로 발생한 손실을 양곡 생산의 양적 증대를 통해 메우려 했으니 동척 소작농의 부담은 더욱 가중되어갔다.

북률농장은 동척 사리원지점(처음에는 출장소)에서 관할하고 있었다. 당시 동척은 척식청년단拓殖青年團이란 조직을 만들어 주구배를 이용한 학대가 심하였다. 척식청년단은 1920년대 전국 각지에서 일어난 소작쟁의의 방지수단뿐 아니라 소작 농민의 권익단체인 소작회사나 농민단체 조직을 방해하는 데도 이용되고 있었다. 1922년 이래로 북률면 농장에 극심한 흉년이 들어서 수확을 제대로 할 수 없었고 소작료도 낼 형편이 아니었다. 이러한 상황에서 동척은 이곳에 일본인 이민의 이상촌을 건설할 계획을 추진하여 1924년 봄부터는 그 실시 단계에 들어가 한국 소작인을 변두리로 내몰고 있었다. 이제 소작권조차 정면에서 도전받게 되었다. 고율 소작료와 흉년, 그리고 소작권의 박탈을 눈앞에 둔 북률 소작인은 생존 투쟁을 벌여야 했다.

1924년 가을에 수백 명의 소작인이 몇 차례에 걸쳐 동척 북률 주재소에 몰려가 소작료의 인하를 요구하는 시위를 벌였다. 주재소에서는 일본인 이민을 동원하여 강제 집행을 시도했고, 소작인들은 그에 맞서 불납동맹으로 항거하여 해결점을 찾기 어려웠다. 이에 소작인들은 그해 10월 30일 밤 재령강을 건너 동척 사리원지점으로 집결하여 항쟁시위를 하기에 이르렀다. 그러나 사리원지점에서도 북률 주재소와 마찬가지로 소작인의 요구에 조금도 응하지 않았을 뿐 아니라 오히려 소작인이 수확하여 놓은 볏섬에 '동척'이라는 꼬리표를 붙이며 행패를 부렸다. 소작인들도 그에 대응하여 11월 2일 밤에는 추운 날씨에도 아랑곳없이 500여 농민의 항쟁시위로 발전했다. 결국, 소작 농민들은 쟁의의 대상을 확대하여 서울의 동척지사와 총독부를 목표로 하게 되었다. 북률 주재소나 사리원지점을 대상으로 해서는 도저히 해결될 전망이 없었기 때문이다.

북률 소작인들은 11월 2일부터 5일까지 연나흘 동안 시위를 벌였지만 어떤 해결의 실마리도 찾지 못하고 동척원의 횡포만 더해갔다. 그리하여 서울에 파견된 대표의 활동을 강화하면서 북률에서는 소작조합을 결성하여 조직적인 항쟁에 들어갔다.

북률소작조합 대표는 이몽서李蒙瑞였는데, 소작인이 조직체를 만들어 소작쟁의를 본격화하자 동척에서는 몇몇 주구배를 앞세워 소작인향상회小作人向上會라는 것을 만들어 소작인 간의 분열을 획책했다. 굶어 죽는

戰爭化한

北栗小作爭議

東拓一派는强制執行
三百名作人決死拒絶

황해도재령군북률면(載寧郡北栗面)동양척식회사(東拓會社)소작인수백명은 그회사를상대로작년가을부터소작쟁의가 자금까지못칠날이업슬뿐더러 그회사에서는 간교한수단으로척식청년단(拓殖靑年團)을조직한뒤에 소위향상회까지 조직을식혀가지고 일반소작인들을속여가며 모든일을계획하든바지난오일오후한시경에는 이미그회사에서 소작인들의가장집물까지집행을하기로작뎡하고 그곳장하리(長河里)사는 안제식(安濟植)의집에달려드러 집달리와 그회사원유정(劉井)이와에한명과일본이민수명이합하야가지고 집행을하랴다가 수백명의소작인들이모혀들어 피차에말슴하든중 량방이충돌되야필경은 수백명의소작인들한테 매를맛고도망을하는등일장의풍파가이러나 북률면일대는자못수라장이되엿다는데 그곳소식을뎐화로드른즉 압흐로형세가 더욱맹렬하여질모양이라하며 소작인대표인 김계윤(金桂潤)리몽서(李夢瑞)최소환(崔召煥)외멧명은지금 그곳주재소에불 려가심문을밧는중이라더라(사리원)

日移民放銃!

六日午後再次殺風景

황해도 재령군 북률면(黃海道載寧郡北栗面)에잇는 동척회사(東拓會社)의 집달리와이민들은다시 륙일오전열시경에·집행을하고자 십여명이 달려온것을 소작인 삼백여명이 결합하야대항하며 그자들을쏘치려하매 일본이민들은 돌연히 실탄을 박은총세방을노아 해산이되엿는데 다행히부상한사람은 업다하며 소작인대표 김계윤(金桂潤)외네명은주재소에구금되엿다더라(륙일사리원뎐화)

「전쟁화한 북률소작쟁의」(『동아일보』, 1925. 2. 7)

마당이라 동척원의 꾐수에 속아서 60여 명의 소작인이 가입했다. 이들은 12월 27일 창립총회를 열려 했지만 이에 맞선 소작조합원과 충돌하여 열지 못했고, 이날은 일대 아수라장이 되고 말았다. 동척은 척식청년단원 36명을 앞세워 위협과 폭행 등 갖은 만행을 다하여 소작인을 축출하고 소작료를 강탈하고 다녔다.

한편 서울에 올라간 대표단의 활약으로 서울의 동척지사에서는 어느 정도 양보의 기미를 보이는 것 같았다. 그러나 북률 주재소는 물론, 사리원지점의 반발로 해결을 보지 못했다. 결국 1925년 2월 5일 사리원지점에서는 그들의 식민법적 뒷받침을 받은 집달리를 앞세우고 이민 청년들이 장하리長河里에 들이닥쳐 곡식과 가구까지 차입하기 시작했다. 때마침 이웃 내종리 장날이라 300여 농민이 몰려가 그들을 구타하여 쫓아냈다. 이로 인해 소작인 대표들이 경찰에 잡혀갔다. 지금까지 뒤에서 기회를 보고 있던 경찰이 표면에 나온 셈이다. 다음 날인 2월 6일에는 동척원이 일본인 40여 명을 엽총으로 무장시키고 향상회원 15명에게는 몽둥이를 들려서 소작료 강제집행에 착수했다. 이에 400여 소작인과 충돌이 일어났고 엽총을 든 일본인은 군중을 향해 총을 쏘았다. 이날도 한국농민 여럿이 잡혀갔다. 2월 13일부터는 3명의 집달리와 경찰 6명이 동척사원과 함께 와서 소작료를 차압하고 소작료가 부족하면 다른 기재를 가차압했다. 그러고도 미납된 소작료가 3,000석이나 되었다고 하니 당시 소작인의 비참한 실상을 짐작할 수 있다.

이몽서를 비롯한 소작조합의 대표들은 2월 24일 검찰에 이송되었다. 그해 3월 동척은 소작조합원과의 새해 소작계약을 거부하고 척식청년단이나 소작인 향상회원하고만 계약했다. 북률 소작인들은 다시 서울로 올라가 동척지사와 담판을 벌였다. 언론기관의 성토와 사회단체의 규탄을 의식한 동척은 결국 미납 소작료는 연부로 한다는 등의 해결조건으로 소작인들과 타협을 보기에 이르렀다.

이렇게 하여 북률 동척농장의 소작쟁의는 끝났다. 소작쟁의가 한창일 때 북률을 떠난 소작인은 20호였지만, 쟁의가 끝나고 떠난 소작인은 370호나 되었다.

식산은행의 식민지 금융

1910년대 후반의 호황으로 산업의 규모가 확대되고 자금 수요가 증가하자 조선총독부는 1918년 6월 농공은행을 합병·해산하고 산업금융을 전담할 특수은행인 식산은행을 설립했다. 식산은행은 자본금을 농공은행의 4배인 1,000만 원으로 늘리고 채권의 발행 한도를 납입자본금의 10배로 확장하는 등 자금동원력을 크게 강화했다. 또한, 부동산 담보 대부와 유가증권 대부의 제한을 철폐하고 신탁업무와 저축업무를 추가하여 업무영역을 대폭 확장했다.

1920년부터 1930년까지 10년간 식산은행은 납입자본금이 4배, 예금이 4배, 대출이 10배 증가하는 등 큰 확장을 이루었다. 창립 시 전체 금융기관의 20% 정도이던 대출이 1931년에는 44%로 대폭 증가하여 산업자금을 공급하는 중추적인 금융기관으로 자리 잡았다.

식산은행의 창립 초기에는 절반 이상이 상업대출이었지만, 1923년부터 농업대출이 상업대출을 앞질렀다. 특히 농업(경지 구입, 종묘, 비료, 농기구 등), 수리사업, 토지개량, 금융조합연합회 등 농업 관련 대출이 1920년대 전반에는 전체 대부액의 60~65%, 1920년대 후반에는 70%를 상회했다. 산업 대부 중 2/3가량이 농업자에게 제공되었다.

식산은행은 공공단체나 수리조합·금융조합 같은 비영리법인에 대해서는 담보 없이 대출했으나, 개인이나 회사에 대해서는 부동산, 특히 전답 같은 농경지를 담보로 대출했다. 이처럼 농경지를 담보로 한 대출이 담보대출 대부분을 점했고 건당 대출액이 5,000원 이상으로 500원가량이던 금융조합 건당 대출액의 10배가 넘는 고액이었다는 점에서 식산은행이 주로 지주층에게 농사자금을 제공했음을 알 수 있다.

식산은행으로 대표되는 농업금융의 특징은 상공업금융과는 상이하게 자금 동향이 계절적으로 편중되고 토지를 중요한 생산수단으로 하여

「소위 조선식산은행의 큰 계획, 조선 안 경제를 좌우하여 백성을 죽일 작정」(『신한민보』, 1919. 10. 11)

자본의 회전이 완만하다는 것이다. 이는 농업금융의 특수성인 반면, 금융에 의한 농촌의 종속화가 심화될 소지가 있다는 것을 의미한다. 농촌에서의 수탈자본은 고금리에 의한 고리대금업적인 역할을 했다. 수탈자본은 자작농의 빈농층으로의 전락과 개별적인 농가가 일제식민지 투자자본에 예속되는 결과를 초래했다. 이러한 자본 예속으로 식민지 농촌의 절대빈곤을 야기하여 농가수지가 급속하게 악화되면서 빈농층이 격

증했다.

일제하 농업금융의 동향은 1920년대에 식량 해결을 위한 방편으로 토지개량자금·수리사업자금·영농자금이라는 명목으로 식산은행·동양척식주식회사·금융조합 등을 통해 농촌에 투하되었다. 그중 식산은행은 농업용지용 담보설정 비중이 높아 실제로 농촌금융에서 중요한 위치를 차지했을 뿐 아니라 장기대부로 거액을 대출하는 유일한 기관이기도 했다.

지주의 경우에는 동척이나 식산은행에서 장기저리자금을 대출받아 금융권에서 소외된 소작농에게 편법적인 고리대업을 자행했다. 즉, 장기저리자금을 대출받은 지주는 비료를 대량으로 구입하여 비축한 후 시비기에 소작농에게 분배한다. 추수기에 이르면 지주는 소작료보다 이자가 포함된 비료대를 먼저 공제한 후 소작료를 받는다. 농구나 종자도 같은 방식으로 중간이득을 취한다. 심지어 지주는 추석을 전후하여 시가 매척每尺에 15전인 광목廣木을 일괄 매입한다. 일괄 구입한 광목은 추수할 때 매척에 20~25전을 받는다는 조건으로 소작농에게 분배한다. 이런 면에서 농촌의 자소작 관계는 고율 소작료에 의한 직접적인 지배방식을 축으로 경제외적 강제를 이용한 고리대적 착취가 가미된 것이 특징이었다. 즉, 지주가 장기저리자금의 상환액을 편법적인 방법으로 소작농에게 전가한 것이다. 그 결과 자소작농층과 소작농층은 금융자본에 종속되어 채무적·영세농적 처지에 놓이게 되었다. 이와 같이 지주가 농촌금융기관의 저리자금을 대부받아 빈농층인 소작농에게 고금리로 대여하는 차용관계는 소작 농가의 자립기반을 초토화하는 결과를 낳았다.

독립운동에 나서다

1915년 북간도에서 황해도 재령의 옛집으로 귀향했으나 항일독립운동을 향한 나석주의 관심은 커져만 갔다. 나무리 마을 그의 집에는 보명학교 시절의 동창인 최호준崔皓俊 등 뜻있는 동지들이 자주 모여들었고, 이들이 모이면 비밀리에 늘 구국의 방도를 의논했다. 이 무렵인 1917년 나석주의 집에서 경작하던 농토가 고스란히 동척으로 넘어갔다. 소작권마저 박탈당한 것이다. 동척에서 재령군에 대대적인 일본인 이주를 추진했고, 일본 이주민에게 동척 소유 소작 토지를 넘겨주면서 소작지를 박탈당한 것이다. 더욱이 집에서 경영해오던 정미소도 제대로 운영되지 않아 가족들의 생계마저 어렵게 되었다. 나석주는 결국 1918년 가족을 이끌고 재령군과 이웃한 황주군黃州郡의 겸이포兼二浦(송림松林)로 이주했다. 겸이포에서는 미곡상米穀商을 차려 차츰 생활이 안정되어갔다.

1919년 전국적으로 3·1운동이 일어났다. 항일의 의기로 가득 찬 그도 만세시위에 참여했다. 이 지역의 만세시위 상황을 살펴보면 다음과 같다.

황주군의 만세시위는 읍내에서 먼저 시작되었다. 3월 1일, 인접 지역인 평남 중화군 최창룡에게서 3·1독립선언과 만세운동에 관한 연락을 받은 황주읍 천도교구에서는 황기탁·김성준 등이 독립운동에 관해 협의했다. 그 결과 이튿날인 3월 2일에 대대적인 독립운동을 전개하기로 했다. 2일은 일요일이자 황주읍 장날이어서 교인과 많은 민중의 참가가 용이했기 때문이다. 이에 따라 황기탁 등은 평소에 독립사상을 품고 있던 최석길·김병식 등과 연락하여 각 면의 천도교인 및 애국지사들을 중심으로 2일 오후 2시경 읍내에서 만세운동을 펴기로 계획을 추진했다.

2일 오후 2시경 읍내 장터 여기저기에 독립선언서가 게시되었다. 수백 명의 천도교인들이 장터 한가운데서 대한 독립 만세를 크게 외치며 나오자 가득 모였던 장꾼들도 호응하여 대열을 지어 만세시위를 전개했다. 등사된 선언서도 군중들에게 배부되었다.

시위대열은 만세 소리도 드높게 행진하여 보란 듯이 경찰서 앞을 지나갔다. 장터의 만세 소리만 듣고 당황하여 어찌할 바를 몰라 하던 경찰들은 그제야 나와서 시위행진의 제지를 시도했다. 앞장섰던 김병식·강형섭 등이 경찰서에 억류되었다. 군중은 경찰서로 몰려 들어가 구금된 인사를 내놓으라며 고함을 치고 유리창을 부쉈다. 시위대의 위세에 눌린 경찰들을 아무런 조처를 하지 못했다. 군중은 한국인 순사들에게 선언서를 나눠주고 경찰서를 나와 다시 시위행진을 계속했다. 예수교 예배당 앞에 이르러서는 대열을 정돈하여 일제히 만세를 부르고 시위운동의 취

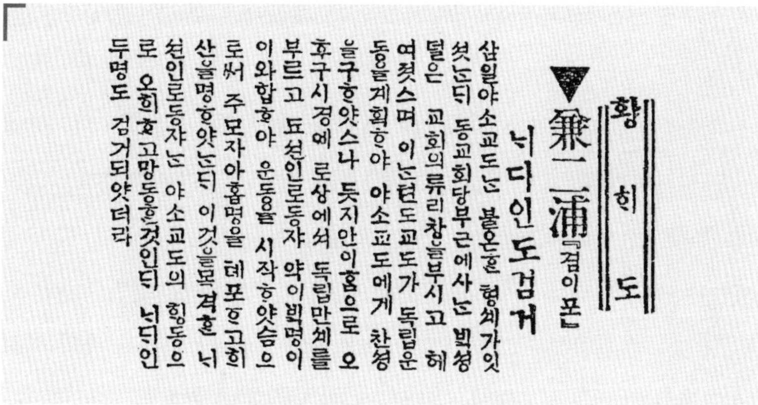

황ᄒᆡ도

▼兼二浦『겸이포』

니디인도검거

삼일야소교도는 불온ᄒᆞᆫ 형셰가잇섯는ᄃᆡ 동교회당부근에사는 ᄇᆡᆨ셩덜은 교회의류리창을부시고 혜여첫스며 이는텬도교도가 독립운동을계획ᄒᆞ야 야소교도에게 찬셩을구ᄒᆞ얏스나 듯지안이홈으로 오후구시경에 로상에셔 독립만셰를부르고 됴션인로동쟈 약이ᄇᆡᆨ명이이와합ᄒᆞ야 운동을 시작ᄒᆞ얏슴으로써 주모자아홉명을 톄포ᄒᆞ고희산을명ᄒᆞ얏는ᄃᆡ 이것을목격ᄒᆞᆫ 니션인로동쟈는 야소교도의 ᄒᆡᆼ동으로 오ᄒᆡᄒᆞ고망동ᄒᆞᆫ것인ᄃᆡ 니디인두명도 검거되얏더라

황해도 겸이포 만세시위 보도기사(『매일신보』, 1919. 3. 8)

지를 설명했다. 예수교인들도 참가하여 시위 인원은 더욱 늘어났다.

시위대열이 계속 독립 만세의 함성을 올리고 애국가를 부르면서 시가를 두루 돌아다니자 읍내는 온통 만세 분위기로 가득 찼다. 길에서도 집 안에서도 남녀노소를 가리지 않고 대한 독립 만세를 목청껏 외쳤다. 시위대열에는 읍내는 물론 흑교·송림·청수·천주·인교·삼전·구성·귀락·도치 등 각 면의 사람들이 참가하여 실로 거군적擧郡的인 운동으로 전개되었다.

한편 적 경찰 측은 각처에 응원을 청하여 전열을 정비했다. 오후 5시경 일반 장꾼들은 귀가하고 천도교인을 중심으로 한 200여 명의 시위대가 천도교 교구실에 모였다. 기회를 기다리던 적측에서는 곧 경찰, 헌병 등 무력을 동원하여 주동 인물의 검거에 들어갔다. 황기탁·최석길·나희풍 등 80여 명이 적측에 검속되었다. 뒤이어 천도교인들의 가택이 일제히 수색을 당했다. 이후 검속된 이들은 재판에 회부되어 옥고를 치러야 했다.

황주읍에서 대규모 시위가 벌어진 다음 날인 3월 3일에는 겸이포에서 만세시위가 있었다. 이곳의 만세운동도 천도교인들이 중심이 되었는데, 처음에는 예수교인들과의 연합시위운동 계획이 추진되었다. 즉, 3일 저녁에 예수교 장로회파 교회당에서 예수교·천도교 및 일반인들이 모두 모여 독립선언식을 거행하기로 한 것이다. 그러나 예수교 측과 의견이 일치하지 않아 천도교인을 중심으로 시위운동이 거행되었다. 밤 9시 반경 안태직, 김정하 등 천도교인을 중심으로 30여 명이 예배당 부근의 큰 거리에서 대한 독립 만세를 소리 높여 부르고 시가행진을 벌였다. 이에 부근의 시민이 호응하여 시위대는 200여 명을 헤아리게 되었다. 특히 겸이포에는 일본인이 경영하는 제철소가 있었는데, 여기에 근무하는 노동자들이 많이 참가했다. 그동안 제철소에서 자행된 일본인의 만행을 체감하고 있었기에 반감도 그만큼 컸다.

시위대의 규모가 커지자, 일제는 많은 헌병과 경찰을 동원하여 총검을 휘두르며 시위행진을 강제 저지하고, 주동 인물들을 검거하기 시작했다. 그날 밤 사이에 김정하를 비롯해 제철소에 근무하던 최승학 등 9명이 적 경찰에 구속되어 고초를 겪었다.

나석주가 3·1운동에 참여한 구체적인 내용을 알려주는 자료는 거의 없다. 거사 후 그의 과거 행적을 보도한 『동아일보』 기사에는 “기미운동 당시에도 참가하여 태극기를 산같이 만들어두었다가 발각되어 패한 일도 있었다”고 간단하게 언급하고 있다. 「열사 나석주 선생의 일생」이

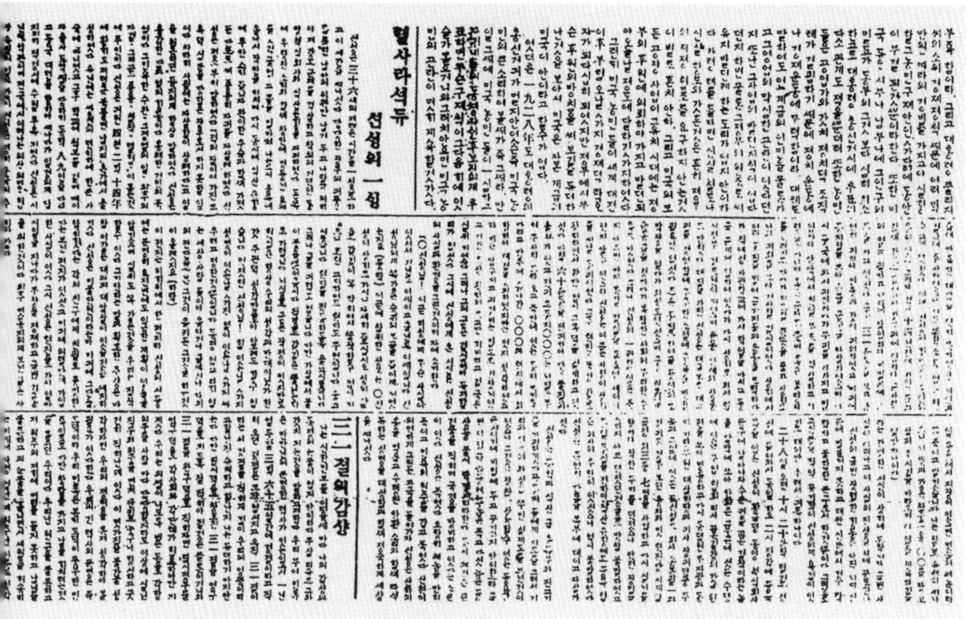

렬사라석듀 선생의 일생

三一절의 감상

「열사 나석주 선생의 일생」(『신한민보』, 1927. 3. 10)

라는 제목으로 나석주의 생애를 보도한 『신한민보』 1927년 3월 10일자 기사도 "3·1운동을 보고 분연히 기하여 민중과 같이 기의하였고"라고만 언급하고 있을 뿐이다. 『독립운동사』 제7권에는 "동지들과 함께 며칠 밤을 새워가며 수많은 태극기를 만들어 집 다락에 숨겨놓고 겸이포 시민들에게 일일이 나누어주어 만세시위를 선도하다가 경찰에 구금되었다"라고 기록되어 있다. 1919년 당시 나석주가 겸이포에 거주하고 있었고, 3월 3일 겸이포에서도 만세시위가 거행되었으므로 그가 이 시위에 참여했을 개연성이 크다.

신출귀몰한 권총단

대한독립단 국내 특파대 지원 활동

나석주는 1919년 3·1운동에 참여한 후 일경의 감시를 피해 겸이포를 떠나 황해도 사리원沙里院으로 이사했다. 그는 3·1운동을 겪으면서 평화적 운동의 한계를 뼈저리게 느낀 것으로 보인다. 더욱이 1920년 대한독립단 국내 파견대의 활동을 지원하게 된 것은 이러한 생각을 더욱 굳히는 계기가 되었다. 이는 그가 1921년 권총으로 무장한 채 국내에서 군자금 모집 활동을 한 것이나, 이후 그의 행적이 무장 의열투쟁에 맞춰져 있었던 데서 추론해볼 수 있다. 나석주가 국내에서 본격적으로 독립운동에 뛰어들게 된 것은 대한독립단 국내 파견대원들의 활동을 지원한 것이 큰 계기가 되었던 것 같다.

여기서 잠시 대한독립단에 대해 살펴보자. 1919년 3·1운동이 국내에서 전국적으로 확산되었을 즈음, 이에 호응하여 만주의 한인사회에서도 독립운동 단체가 결성되었다. 그중 그해 4월 서간도지역인 유하현柳河縣 삼원보三源堡에서 결성된 단체가 대한독립단大韓獨立團이었다. 대한독립단은 창단과 함께 국내외 동포 사회에 호소하여 청장년을 규합하고 군자금을 모집하는 등 전투 준비를 서둘렀다. 흥경興京·환인桓仁·즙안楫安·관전寬甸·통화通化 등 만주 각 현에서 일시에 호응하여 많은 장정과 금액이 모였고, 또 3·1운동 후 국내에서 망명한 청장년들이 모여들어 삼원보 일대에 큰 군영軍營을 이뤘다. 또한, 이러한 군사들의 모집 훈련을 위한 기본 조직을 갖추기 위해 만주와 국내 각지로 조직망을 확장했다. 그 결과 1919년 12월경에는 국내외에 걸쳐 100여 개소의 지단과 지부를 조직했다. 국내에도 평북과 평남에 대한독립단의 지단을 설치하여 군자금을 모집하는 등 활발한 활동을 폈다.

대한독립단 본부는 만주에서의 군대 양성과 병행하여 국내로 단원을 파견하여 일제 기관을 습격하는 한편 국내 동포들과도 긴밀한 연락을 취하면서 군자금 모금 활동을 전개해갔다. 1919년 7월부터는 많은 인원을 국내에 파견하여 지단 조직 모금운동과 병행하여 주재소·면사무소 등 일제의 지방기관을 습격하고 친일 주구배를 처단하는 작전을 추진했다. 1919년 가을부터 1920년 말경까지 압록강 일대와 국내에서 독립군과 일제 군경과의 산발적인 전투가 빈번하게 벌어졌다. 국내에서는 주로 평안도지방에서 활동이 많았는데, 1920년 이명서李明瑞를 중심으로 한 황해도지역에서도 활발한 활동이 있었다.

대한독립단의 국내 파견대장인 이명서는 황해도 장연군 출신으로서

1920년 6월 대원 이근영·박기수 등 8명과 함께 황해도 지방에서의 무장 활동 임무를 띠고 관전현을 출발하여 압록강을 건넜다. 이들은 도중 평안도에서 동지를 모아 일본 경찰을 처단하면서 대동강을 건너 구월산 아래인 황해도 은률군으로 들어와서 다시 김난섭·홍원택 등의 동지를 규합했다.

이들은 우선 현직 은률군수 최병혁 등 친일배를 처단하고, 주재소를 습격하여 일경을 사살하기로 했다. 최병혁은 3·1운동 당시 시위대 앞에 나서서 일본 정치에 따를 것을 호소하여 독립운동을 방해했고, 그 뒤에도 노골적으로 친일행위를 한 자였다. 대원들은 현지 인사인 김난섭·홍원택·박능묵·박형진·이현규 등과 계획을 세우고 8월 15일 밤이 깊기를 기다려 전원이 3대로 나뉘어 1대는 친일 군수 최병혁을, 1대는 친일파 고학륜을 각각 처단하고 다른 1대는 주재소를 습격하기로 했다. 그중 군수 관사를 습격한 이지표 등 1대는 자고 있던 최병혁을 깨워 "임시정부의 명령으로 너를 죽인다"는 선언과 함께 그를 사살했다. 그러나 친일파 고학륜은 미리 알고 도망쳐 뜻을 이루지 못했다.

이명서와 민양기 등 1대는 주재소를 포위 습격하여 일시 점령하고 주위의 전선을 끊어 연락을 차단한 다음 구월산 남부면 개원리로 피신했다. 일제는 대대적으로 병력을 동원하여 이들의 수색에 나섰다. 대원들은 신천·송화를 지나 도청 소재지인 해주로 가서 그곳에 조직되어 있던 대한독립단 황해도지단의 이성룡·김창현 등과 연락하며 활동 방법을 논의했다. 이들은 다시 구월산 방면으로 길을 돌려 9월 초에는 신천군 초리면 도명리로 들어가서 거처를 삼고 활동을 계속하게 되었다. 이

殷栗郡守를 射殺한
獨立團員豫審決定 (二)
리명서등과 리성룡등이 련락
히주에 독립지단을 조직코자
＝海州地方法院에서＝

이명서 등 예심종결결정서(『동아일보』, 1921. 7. 21)

곳은 구월산록의 외딴 지역으로, 만일의 경우 입산 유격전을 전개하기에도 편리했기 때문이다.

그런데 9월 10일 이 산중 거처가 적 경찰에 발각되어 겹겹이 포위를 당하게 되었다. 열악한 화기로 무장한 독립단원들은 사력을 다해 수많은 적병들을 상대로 교전했다. 5시간이 넘는 치열한 교전에서 적 경찰 20여 명을 사살했다. 그러나 중과부적으로 이명서 대장을 비롯한 박기수·원사현·주의환·이지표·이근영 등이 전사하고 남은 대원들은 중상을 입은 채 체포되고 말았다.

이러한 대한독립단 국내 파견대의 활동에 나석주는 김난섭·홍원택 등과 함께 대원들을 지원하는 역할을 했던 것으로 보인다. 이에 대해 『동아일보』 1927년 1월 13일자 호외는 다음과 같이 보도했다.

> 나석주는 당시 만주의 무장단 십여 인이 각기 모젤식 단총을 휴대하고 도보로 침입하여 평남 대동군大同郡에서 일본인 순사 한 사람을 총살하고 즉시 황해도 은률군으로 침입하여 당시의 은률군수를 살해하고 다시 그 무장단원들이 구월산九月山 아래로 갔다가 경관대의 추격을 받아 접전을 한 그 단원들이 대개 피살되고 나석주는 그 외 다른 사건에도 관계하여 그때 교묘히 경관의 눈을 피하여 달아났던 일도 있었다더라.

대한독립단 국내 파견대의 활동은 권총을 휴대하고 친일파와 일경을 사살하는 격렬한 무장투쟁이었다. 더욱이 구월산에서 일경과 장시간 교전을 벌여 대원들이 대부분 전사하는 등 처절한 최후를 마쳤다. 대한독립단 국내 파견대의 활동을 지원했던 나석주는 이에 크게 자극을 받은 것으로 보인다. 그는 이후 국내에서 본격적인 의열투쟁에 나서게 된다.

권총을 들고 군자금 모집에 나서다

이러한 활동에 계기를 마련해준 것은 최세욱崔世郁·최호준·박정손朴正孫·이시태李蒔泰·김덕영金德永 등 그동안 그와 뜻을 함께해온 동지들이었다.

최세욱은 북률면 북지리北芝里 출신으로 나석주보다 대여섯 살 위였다. 그는 1911년 북간도로 이주했으나 같은 해 8월 귀향하여 농업에 종사했다. 1913년 8월 북간도 국자가局子街로 다시 이주하여 1919년 3·1운동 당시 국자가의 만세시위에 참가했다가 재류금지 처분을 받고 귀국하여 향리에서 약종상藥種商을 하며 생활하고 있었다. 최호준은 나석주와 동년배로서 북률면 장하리에서 농업에 종사하고 있었다. 그 외에 신계군 적여면 평촌리의 박정손과 평양 출신으로 봉산군 초와면 은파리에서 의사로 생활하던 이시태 등이 있었다. 이시태는 평양고등보통학교 출신으로 1915년 차리석車利錫을 고문으로 한 기성볼단箕城볼團을 결성하고 항일의식을 함양하는 등의 활동 전력이 있는 애국지사였다.

그중에서도 재령군 북률면 북지리 출신의 김덕영은 대한민국 임시정부를 후원하기 위해 조직된 임시군사주비단臨時軍事籌備團의 간부로 활동하고 있었다. 임시군사주비단은 대한민국 임시정부 군무부에서 국내에 비밀 군사조직을 확보하기 위해 1919년 12월 말에 조직한 단체다. 군사주비단은 단원모집과 군수품 확보, 임시정부 활동 홍보 등을 목적으로

崔

氏名	別名	生年月日	住居	本籍	摘要
崔高麗			蘇領浦潮縣イマン		浦潮縣イマン區城共產黨執行部祕書
崔文益		明治二十五年	蘇領浦潮縣ウーゴリナヤ		浦潮縣ウゴリナヤ市長
崔鍾烈		當二十七年(昭和八年)	吉林省珠河縣河東	慶尙南道	元ML系中共黨滿洲省委、珠河縣委正黨員縣巡視
崔能益(政)		明治二十二年十一月二十四日	米國ロスアンゼルス	平安南道江西郡星台面硯谷里	大正五年一月勞働ノ目的ニテ渡米ス本名ハ朝鮮獨立ヲ夢想シ排日宣傳ヲ爲スモノ
崔和聖(特)	火星 根聚	明治四十一年十二月六日	奉天省新民府公太堡勤業公司金京鎬方	黄海道黄州郡松林面石灘里八九二	無政府主義(排日思想)關西黑友會系生活難ノ爲昭和七年二月頃渡航肩書住所地ニ在リ
崔世郁(政)	崔宇和	明治十七年十一月十一日	吉林省間島龍井村第四區六統十五戶黃官植方	黄海道載寧郡北栗面北芝里北芝洞	急進過激 明治四十四年北間島ニ移住同年八月歸來大正元年ヨリ同二年迄本籍地ニ於テ農業ニ從事同年八月間島局子街ニ再渡航大正八年三月朝鮮獨立示威運動ヲ爲シ在留禁止處分ヲ受ケ本籍地ニ歸來中時局標傍強盜罪ニ依リ懲役十三年(恩赦ニ依リ六年三月)ニ處セラレ昭和三年二月假出獄ヲ命セラレ同五月五日出獄渡滿今日ニ至ル
崔一信(政)	崔之雲	明治三十二年九月十三日	吉林省吉林城東村外大豐合號六八	黄海道黄州郡黄州面赤[illegible]里一四六	絶對朝鮮獨立主義、排日民族思想ヲ抱持ス大正十三年黃海道[illegible]山郡楚臥面事務所書記ヲ拜命奉職中公金橫領渡支後正義府勢務部員タリシカ正義府國民府ニ改組セラルルヤ解職トナリ農業ニ從事シ傍ラ同志ト聯絡シアルガ如シ

一五六

『국외의 용의 조선인명부』(조선총독부, 1934)

국내 지단 편성을 추진했다. 국내에서도 이에 호응하여 독립운동가들이 상해로 건너가 요인들을 만나 주비단 규칙서, 군무총장 훈시, 재무총장 군자금 청구서, 대한민국임시정부공보 등의 문서를 휴대하고 귀국했다. 그 결과 서울과 황해도에 주비단의 결성을 보게 되었다. 황해도 사리원 일대에서 활동하던 주비단은 10명을 1개 분단, 10개 분단을 1개 소단, 10개 소단을 1개 연단으로 하여 각각 조직되었다. 연단을 총괄하기 위해 사령부를 두고 사령장이 이를 지휘했다. 김덕영은 황해도 주비단의 소단장 겸 서기였다.

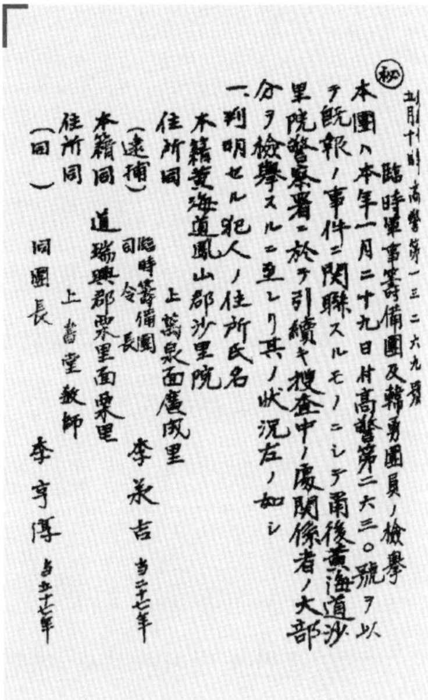
高警第一三二六九號

㊙ 臨時軍事籌備團及韓勇團員ノ檢擧

本團ハ本年一月二十九日付高警第二六三〇號ヲ以テ既報ノ事件ニ関聯スルモノニシテ爾後黃海道沙里院警察署ニ於テ引續キ搜査中ノ處関係者ノ大部分ヲ檢擧スルニ至レリ其ノ状況左ノ如シ

一、判明セル犯人ノ住所氏名

本籍 黃海道鳳山郡沙里院
住所 同 上 萬泉面廣成里
臨時籌備團 司令長 (逮捕) 李泳吉 當二十七年

本籍 同 道瑞興郡栗里面栗里
住所 同 上 書堂教師
(同) 同團長 李亨淳 當五十七年

일경의 임시군사주비단 관련 보고서

1920년 8월 김덕영은 상해 임시정부의 주비단 본부로 가서 국내 군자금 모집의 사명을 받고 다시 귀국했다. 나석주는 김덕영이 임시정부 군무부에서 지급한 소총과 실탄을 소지하고 귀국하자, 평소 뜻을 함께 하던 최세욱·최호준·박정손·이시태 등의 동지들과 함께 군자금 모집 활동에 나섰다. 이들은 나석주의 집을 본거지로 정하고 군자금 모집 대상을 물색하며 기회를 엿보았다.

먼저 동년 12월 23일 보명학교 교장 출신인 김정호의 집을 찾아갔다. 김정호는 나석주와 최호준의 보명학교 시절 은사로서 암암리에 독립운동 자금을 지원하고 있었다. 이들은 군자금 4,000~5,000원의 출연을 요청했으나 김정호가 다액의 현금을 소지하고 있지 않아 실패하고 말았다.

다시 1921년 1월 4일 나석주를 비롯한 김덕영·최호준·최세욱·박정손·이시태 등 6명은 군자금을 모집하기 위해 권총을 소지하고 오후 8시경 황해도 사리원 시북리의 부호 최병항의 집에 잠입했다. 이들 중 두 사람은 대문을 지키며 망을 보았고, 나석주와 다른 한 명은 복면을 하고 최병항 앞에 나아가 절을 하고는 "우리들은 일반 강도가 아니라 조국의 독립을 꾀하고자 군자금을 마련하려는 젊은이들입니다" 하고 자신들의 행동을 설명했다. 최병항은 나석주의 목소리를 알아듣고 "너 석주구나. 그 복면을 벗어버려라" 하면서 젊은이의 의기가 가상하다고 칭찬하면서 "내가 가지고 있는 돈이 이것밖에 없으니 가져다가 유용하게 쓰도록 하게!" 하면서 630원을 내주었다. 당시로서는 매우 큰 금액이었다. 일행은 돈을 받고 나서 절을 한 후 "우리들이 떠나고 나면 즉시 왜경에게 연락하십시오. 만일 연락을 안 하시다가 왜경이 그 점을 눈치 채면 봉변을 당하십니다" 하고 그 집을 떠났다.

얼마 후 사리원 경찰서가 발칵 뒤집혔고, 6명의 행방을 찾았으나 오리무중이었다. 사리원경찰서의 형사들은 나석주의 집을 급습했다. 그들은 나석주를 찾아내라고 그의 부인을 총으로 위협하며 공포를 놓고 발길질을 하는 등 갖은 행패를 부렸으나 나석주의 행방은 가족들도 모르는 일이었다. 최병항의 집에서 군자금을 모집한 후 나석주는 박정손과 함께 일단 황주로 피신했다. 최세욱과 최호준은 봉산군에 있는 최세욱

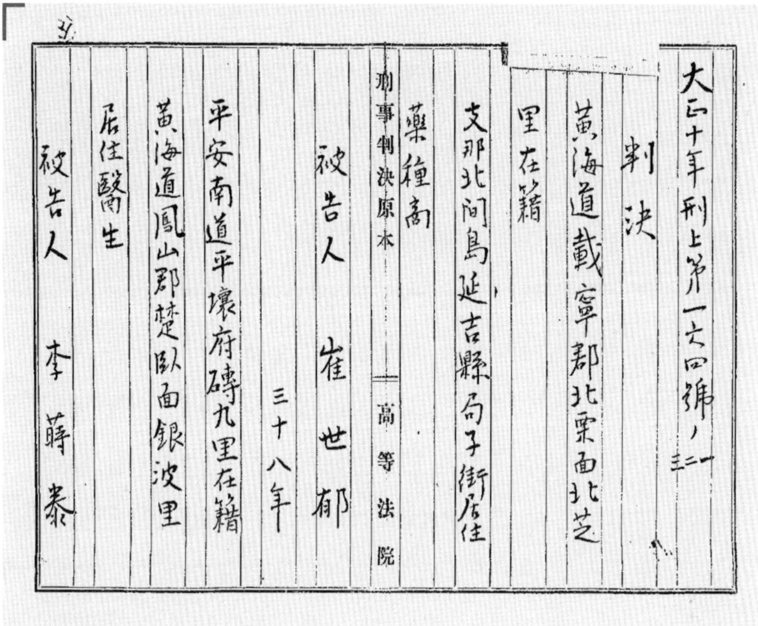

大正十年刑上第一六四號ノ三二

判決

黃海道載寧郡北栗面北芝

里在籍

支那北間島延吉縣局子街居住

藥種商

刑事判決原本　高等法院

被告人　崔世郁

三十八年

平安南道平壤府磚九里在籍

黃海道鳳山郡楚臥面銀波里

居住醫生

被告人　李蒔泰

최세욱·이시태 등 판결문(고등법원, 1921. 8. 18)

의 매서妹壻인 지운식의 집에서 하루를 묵고 다시 장연군으로 피신했다가 주구배의 밀고로 1월 26일 체포되고 말았다. 이들은 이후 재판에 회부되어 최세욱은 징역 13년형, 최호준은 징역 7년형을 받고 옥고를 치렀다.

한편 박정손과 함께 황주로 피신한 나석주는 어느 집 머슴방에서 머슴들과 같이 숙식했는데, 일제 주구의 밀고로 사리원·황주·재령의 3개 경찰서 순사들이 그 집을 포위했다. 순사들이 문밖에서 투항을 종용하자 나석주는 박정손에게 "이미 어찌할 수 없는 몸, 그대로 앉아서 잡히거나 싸우다 잡히거나 마찬가지다. 내 먼저 문을 박차고 나갈 터이니 내 뒤를 따르라!"고 말하며 용감하게 일어나 문을 박차고 나오면서 순사들과 격투를 벌였다. 나석주는 기골이 장대하고 평소에도 운동에 능했던 터라 저지하는 순사를 때려누이고 그곳에서 도주했다. 그러나 함께 있던 박정손은 일제 순사에게 체포되고 말았다.

황주에서 탈출한 나석주는 동지 김덕영과 합류하여 상주喪主로 변장한 채 지게를 지고 숨어다녔다. 이들은 1921년 4월 권총을 휴대하고 안악 장날 대낮에 읍내의 부호인 김응석의 집에 잠입하여 군자금을 모집했다. 이어 안악읍내의 부호인 원형락을 비롯한 두어 명의 집에 들어가 군자금을 수합하는 등 신출귀몰한 활동을 벌였다. 당시 북률면 주재소에 근무하던 한국인 순사 안익훈이 『동아일보』 기자에게 "1921년 황해도에서 일어난 중대 사건은 대부분이 나석주와 그의 공범 김덕영의 소행이다. 1921년 1월 4일 이후 나석주를 잡기 위해 동원된 경관이 1만 명은 넘을 것이며, 통첩 서류와 기타 조회서류 등이 약 백여 차례에 수만 통에 달하였다"고 증언한 것을 보아도 그의 활동이 일제를 얼마나 괴롭혔는지 짐작할 수 있다. 이와 같이 나석주는 황해도 일대에서 군자금 모집 활동을 벌였으나, 일경의 수사망이 좁혀오자 국내에서의 활동이 여의치 않았다. 결국 나석주는 1921년 10월경 김덕영과 함께 일제의 경계망을 뚫고 황해도에서 목선을 타고 진남포를 거쳐 중국 천진天津으로 망명했다.

그런데 자료에 따라 나석주의 망명 시기가 상이하여 검토가 필요하다. 나석주의 망명 시기를 명시적으로 분명하게 기록한 자료는 송상도가 지은 『기려수필』이다. 이에 의하면 나석주가 중국으로 망명한 것은 1920년 9월 22일(음력)이라고 한다. 나석주의 딸 나응서가 『신동아』 1969년 7월호에 기고한 「나석주의사의 동척투탄」에도 중국 망명 시기가 1920년 음력 9월 22일이라고 기록되어 있다. 특히 『조선일보』 1927년 1월 14일자에는 그의 망명시기가 "대정 9년(1920년) 22일"로 보도되었다. 이에 근거하여 『독립운동사』 등 이후 대부분의 관련 서적과 기록에는 나석주의 중국 망명 시기가 1920년 9월로 되어 있다.

그런데 나응서의 기고문 중 망명 관련 내용은 『기려수필』의 기록을 그대로 인용한 것이어서 신빙성이 떨어진다. 또 위에서 살펴본 바와 같이 나석주는 분명 1921년에도 국내에서 활동하고 있었다. 1920년 12월 23일 김정호에게 군자금을 요구한 활동은 당시 최호준·이시태 등의 판결문에서 확인된다. 투탄 거사 후의 『동아일보』 호외에 의하면 나석주가 최병항 등 국내 자산가에게 군자금을 모집한 활동은 1921년의 일로 나타난다. 그리고 그해 10월 김덕영과 함께 중국으로 건너갔다고 보도하고 있다. 따라서 『조선일보』와 『기려수필』의 1920년 망명기록은 오류이며, 국내의 군자금 모집 활동 후 1921년 10월경 중국으로 건너갔다고 보아야 할 것이다.

중국 상해에서의 활동

청년임시대회 개최를 추진하다

천진에 도착한 나석주는 당시 중국 관내지역 독립운동의 중심지인 상해로 갔다. 상해에는 대한민국 임시정부가 있었고, 그가 평생토록 존경하고 따른 백범 김구가 활동하고 있었다. 그러나 당시 상해 독립운동계의 상황은 복잡했다.

임시정부는 1920년 이후 민족운동의 주도적 최고기관으로서 만주 등지의 각 독립운동 단체를 통할하는 기능을 제대로 하지 못했다. 이승만 대통령의 탄핵문제가 제기되는 등 내부적으로도 매우 혼란한 상태였다. 1921년 초부터 독립운동 세력이 총집결하여 독립운동 쇄신 방안을 논의해야 한다는 결의가 이어졌다. 동년 2월 박은식朴殷植 · 김창숙金昌淑 등의 국민대표회의 개최 요구, 4월 북경 군사통일주비회의 임시정부 불신임

1920년대 상해 황포탄 전경

안 결의가 있었다. 5월에는 만주의 독립운동 단체가 액목현에서 회의를 하여 임시정부의 개조를 건의했다. 결국 1922년 4월 임시의정원에서 국민대표회의國民代表會議를 지원하는 인민청원안이 통과되었다. 5월에는 국민대표회주비위원회가 국민대표회의 소집을 선언했다. 1922년 당시 임시정부를 둘러싼 상해의 독립운동계는 다양한 의견이 분출하며 한치 앞도 내다보기 어려운 상황이었다.

이렇듯 독립운동계의 혼란한 상황을 타개하기 위해 나석주는 1922년 6월 장덕진·이승춘 등의 젊은 동지들과 35세 이하의 청년을 중심으로 청년임시대회 개최를 추진했다. 유호청년임시대회留滬青年臨時大會 개최를 촉구하는 청년 발기인 중 한 명으로 참여한 것이다. 이들은 다음과 같은 개최 취지서를 발표했다.

경계자敬啓者

…… 진進하야 시국의 분규에 대한 조정調停의 책策도 강구할 것이며 현상의 침체에 대한 진전의 로路도 개척할 것이며 질시·알력·분열의 와중에 입入한 각계의 반성을 촉促하야써 독립운동의 건전한 진척을 도모하며 시국문란의 불상不祥한 징조를 방지코져하와 아등我等은 종전從前에 재在한 자기의 고착固着된 처지에서나 현시現時에 재한 타인의 오해誤解된 지목指目에서는 번연히 초탈하야 진실로 공정한 입지에서 오즉 조선의 장래를 쌍견雙肩에 부負한 충진忠眞한 성의誠意로써 특히 35세 이하의 청년제위를 향하야 유호청년임시대회를 발기發起하오니 차의此意에 대한 찬성의 지志를 포抱한 청년제위는 좌기左記 시일 장소로 다수왕림하야 주심을 바라나이다.

일시: 6월 12일(월) 하오 7시 반

장소: 후복리 인성소학교仁成小學校

발기인: 김정목·김성득·김종곤·유건혁·이승춘·박진·방달성·나석주·서영완·윤자영·장덕진·정광호·정병한·정근·조윤관·한태규

1922년 6월 12일 인성학교에서 개최된 청년임시대회에는 정파에 관계없이 80~90여 명의 청년들이 참석하여 독립운동의 방안을 논의했다. 발기인을 대표하여 정광호와 윤자영의 취지연설이 있었다.

정광호는 "현금 독립운동에 관계있는 각 단체 상호간에 종종 내홍이

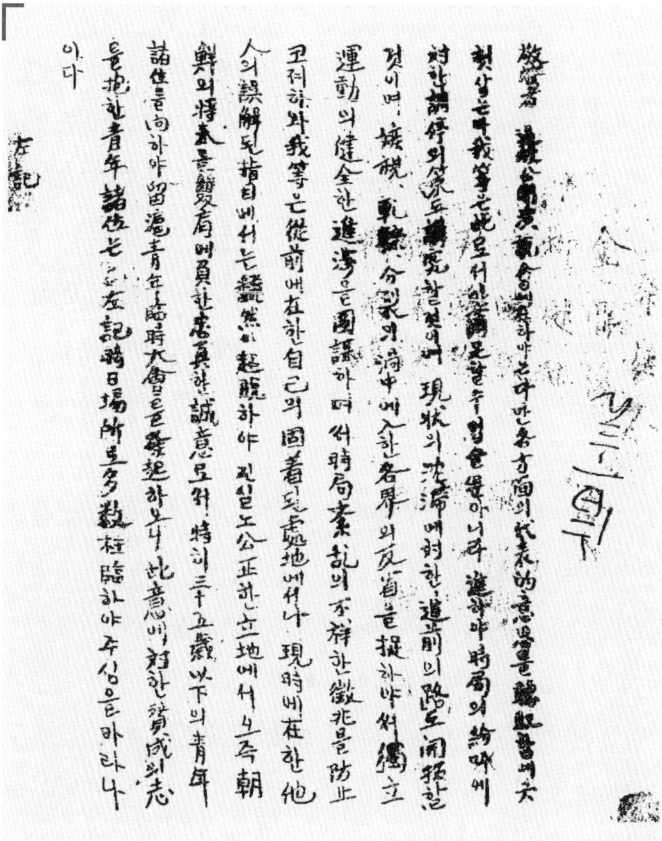

유호청년임시대회 발기문

있기 때문에 뜻과 같이 목적을 달성하지 못하고 있다. 우리들 청년은 이를 묵인할 수 없다. 노력하여 죽은 후에나 멈출 각오로 목적을 달성하지 않으면 안 된다. 이런 의미에서 이번 유호청년회라는 것을 조직한 것인데 본회는 각자의 의견을 청취함으로써 장래 채택할 방침을 확정하려는

데 있다"라고 연설했다.

윤자영은 "지난 8일 영국 조계 모이당에서 각 방면의 대표적 의지를 청취했지만 우리들은 만족할 수 없었다. 이에 다시 시국에 대한 조정의 방책을 강구하려고 하는 것이 본회의 취지이다"라고 모임의 취지를 설명했다. 계속하여 임재호·윤자영·박진·최기운·김보연·서영환·나창헌·여운형·장덕진 등 9명의 시국에 대한 자유연설이 이어졌다. 연설이 끝난 후에는 첫째 진행 방침에 대한 선언서를 각지 청년에 배부할 것, 둘째 조사위원 9명을 선정하여 확실한 내용을 조사한 후 총회를 개최할 것을 결의했다.

6월 19일에는 프랑스 조계 인성소학교 내에서 120~130여 명의 청년들이 참석한 가운데 제2회 임시청년대회가 열렸다. 이 자리에서 조사위원 9명의 조사결과 보고가 있었다. 조사내용은 임시정부, 임시의정원과 국민대표회 측 인사들의 의견을 청취한 것과 한형권이 러시아에서 수령해온 20만 원의 처리 방안 등이었다. 위원 정광호는 이동녕과 이시영, 김정목은 윤기섭·조완구·한형권의 의견, 이규정은 의정원과 임시정부 측의 의견, 김보연은 국민대표회주비회장 남형우의 의견을 각각 보고했다.

이동녕과 이시영은 "첫째 현금 시국을 정돈시키려면 전원이 일치 공동으로 한 개의 목적으로 향할 것, 둘째 국민대표회를 임시정부의 상위에 두는 것은 심히 부당하다. 임시정부의 하위에 두는 조직이라면 혹시 성적을 낼 수 있겠지만, 지금과 같은 목적으로는 도저히 완전한 조직을 실현시키기 어렵다. 셋째 자신들이 정부를 사직한 이유는 취직하여 이미 4개년이 지났지만, 하등 독립에 관해 공헌한 바가 없어서 새로운 인물을 요구하기 위해 사직한 것이며 다른 이유는 없다. 넷째 한형권이 소지한 20만 원은 물론 정부에서 수령해야 할 성질의 것인데 더욱이 한형권이 노령에 파견된 것도 전에 임시정부에서 명한 것이라면 수령한 돈을 정부에 제출하는 것은 당연한 것이다"라는 의견이었다.

다음으로 김정목은 윤기섭·조완구·한형권 등의 의견을 다음과 같이 보고했다. "첫째 현금의 시국은 종래의 선배가 방침을 잘못했기 때문이므로 종래의 중요인물을 전부 경질하고 새 인물로 대체하는 것이 가장 필요하다. 둘째 한형권의 자금은 원래부터 정부에 납입해야 할 성질의 것이다. 셋째 시국수습의 중심에 있는 것은 대통령이 사직하는 것이므로 이 경우에 이승만이 깨끗이 사직하면 점차 평온해질 것이다."

이어서 이규정은 임시정부 측 노백린의 의견으로 "임시정부라고 해도 별도의 특수한 사무가 없는데 다시 국민대표회 등을 조직하게 되었다. 이런 단체는 전부 임시정부와 일단이 되어 공동일치하는 것이 최선의 방책이다"라고 보고했다.

마지막으로 김보연은 국민대표회주비회장 남형우의 의견으로 "만난을 이겨내고 국민대표회를 성립시키지 않으면 안 된다. 임시정부에 각 도에서 대표가 출석하고 있는 것과 같이 국민대표회에도 동일한 방법으로 각 도에서 대표원의 출석시켜 독립사업을 달성시키려고 한다"고 했다. 또 한형권의 자금은 "국민대표회에서도 사용하는 것이 정당하다. 원래 독립운동에 사용할 성질의 것이다. 단, 다른 단체에서 사용하는 것은 불가능하다. 국민대표회는 각 단체를 관할하여 임시정부와 동일의 단체이다"라는 뜻을 밝혔다.

현 시국에 대한 다양한 의견을 수렴한 뒤에 선언서 발표 등을 토의했다. 또 옥관빈이 의정원 의원 전원 총사직 등을 담은 건의서를 작성하여 결의할 것을 요청했으나 의결은 연기되었다.

이와 같은 임시청년대회의 움직임에 대해 나석주의 입장은 어떠했을까? 나석주는 처음 청년대회 개최 발기인에 참여할 정도로 시국 타개에 대한 열망이 깊었다. 당시 상해에는 임시정부에 대한 불신이 깊어진 상황에서 새로운 변화를 요구하는 분위기가 팽배했다. 이승만 대통령에 대한 불신임 문제도 제기되어 임시정부를 둘러싼 다양한 의견이 제기되고 있었다. 나석주는 이러한 혼란에서 벗어나 청년들의 뜻을 모아 독립운동에 매진하고자 했다. 그에게는 오직 독립운동만이 지상 명령이었다. 그리고 이는 임시정부를 중심으로 추진되어야 한다고 생각했다. 그에게는 노선이 문제되지 않았다. 오직 실천이 있을 뿐이었다. 이러한 나석주의 직선적인 삶과 지향은 임시청년대회에서 임시정부를 옹호하는 입장으로 나타났다. 그는 곽영·최일 등과 함께 제2회 임시청년대회 회의에서 임시정부 옹호의 건을 결의할 것을 요청했다. 그러나 그의 요청은 옥관빈의 건의서 건과 마찬가지로 연기되고 말았다.

한국노병회에 참가하다

나석주는 상해에서 청년임시대회 개최를 추진하는 등 독립운동계의 이견 조율을 위해 노력하는 한편 독립운동 단체에도 가입하여 활동의 기반을 넓혀갔다. 1922년 중국 상해에서 조직된 한국노병회韓國勞兵會에 참여하여 조국 독립전쟁을 목적으로 군사훈련을 받는 등 체계적인 준비를 갖춰나갔다. 다음에서 한국노병회의 결성 배경과 경위를 살펴보도록 하자.

독립운동자들은 일제의 식민통치와 투쟁하는 과정에서 시대적 상황에 따라 여러 가지 독립운동 방략을 수립하였다. 1920년대 초 상해에서 독립운동자들이 택했던 주요한 방략은 외교중심 방략과 독립전쟁 방략이었다.

이 가운데 외교중심론은 임시정부 성립 초기 주요한 독립운동 방략이었다. 이것은 미국·중국·소련 등에 외교관계를 갖고 한국의 독립을 성취하고자 하는 것이었다. 중국호법정부에 대한 외교, 미국 워싱턴회의와 소련의 극동인민대표회의에 대한 외교, 그리고 중국을 방문한 미국 상·하원 의원에 대한 외교 등은 1920년대 초에 임시정부가 전개한 주요 외교활동이었다.

그러나 이러한 외교활동은 큰 성과를 거두지 못하였다. 국제정세가 제1차 세계대전 이후 '베르사유체제'로 열강에 의해 고착되어가고 일제가 열강에 속하여 국제적 발언권을 강화해가는 상황에서 외교론적 방법은 독립운동의 방략으로 설득력을 잃어갔다.

이와는 다른 주요한 방략이 독립전쟁론이었다. 전쟁으로 일제를 몰아내자는 것이다. 이는 1919년 9월 상해의 임시정부가 노령露領의 대한국민의회大韓國民議會와 통합정부를 구성한 후 주요한 독립운동 방략으로 부각되었다. 임시정부는 독립전쟁을 크게 네 가지 방면에서 추진하였다. 첫째 제도와 법령을 마련하고, 둘째 국내에 군사주비단을 조직하여 독립전쟁을 위한 군사 기초조직을 결성하며, 셋째 육군무관학교를 세워

군사간부를 양성하고, 넷째로 직할부대를 조직하거나 기존의 독립군을 산하부대로 귀속시키는 방안이었다.

1919년 9월 발표한 '대한민국 임시정부 시정방침'에는 독립운동의 최후 수단이 전쟁임을 명시하고 최후 승리를 거둘 때까지 지속적으로 준비해나갈 것임을 밝혔다. 그 주요한 내용은 군사 경력자 소집, 나라 밖에서 활동하는 군사력으로 10만 명 넘는 의용병 조직, 비밀 군사조직 통할, 국내 지원의용병 모집과 비밀조직 건설, 사관학교 설립, 비행부대 편성 등이었다.

구체적으로는 대한민국 육군임시군제와 육군임시군구제를 공포하여 만주와 연해주를 각각 서간도군구·북간도군구·강동군구로 나누어 관리하도록 했다. 또 군사간부 양성을 위하여 육군무관학교를 설립하였다. 육군무관학교는 1919년말 개교하여 43명의 졸업생을 배출하였다. 국내 군사활동을 위해 임시군사주비단臨時軍事籌備團과 의용단義勇團을 조직하였다. 국내와의 연계를 위해 행정 연결망인 연통제와 지역 연결망인 교통국을 설치하였다. 이러한 일련의 조직화를 바탕으로 임시정부는 1920년 1월 '국무원 포고 1호'를 통해 1920년을 독립전쟁의 원년으로 선포하였다.

그러나 현실적으로는 당장 독립전쟁을 치를 수 있는 여력이 없었다. 1920년 국내 연통제가 와해되면서 국내에서 독립운동 자금을 지원받을 길이 막힌 현실에서 임시정부를 중심으로 한 즉각적인 독립전쟁은 요원한 희망에 불과했다. 만주지역의 독립군 단체들도 임시정부의 뜻과 같이 산하 조직으로 일사불란하게 움직여지지 않았다.

이러한 정세에서 새롭게 등장한 것이 독립전쟁 준비론이었다. 독립전쟁 준비 방략은 독립전쟁론과 준비론의 결합이었다. 이것은 독립전쟁을 최종 목표로 하고 이를 위해 독립전쟁 수행에 필요한 모든 것을 일정한 기간 동안 준비해나가자는 방략이었다. 우선 전쟁을 수행하기 위해서는 군사적 자원이 필요했다. 그런데 그 자원이 적었을 뿐만 아니라 있다고 해도 군대를 유지할 정도는 되지 못했다. 따라서 군사적인 능력을 가지고 있으면서 유사시 스스로 생계를 유지할 수 있는 '노동'과 '병사'의 두 가지 성격을 겸비한 자원이 필요했다. 이러한 흐름에서 임시정부의 외곽단체로 조직된 것이 한국노병회韓國勞兵會였다.

한국노병회 회헌

한국노병회를 결성하고자 하는 최초의 모임은 1922년 10월 1일에 있었다. 이날 프랑스 조계 조상섭의 집에서 김구·조상섭·김인전·이유필·여운형·손정도·양기하 등 7명이 독립전쟁에 필요한 군인 양성과 전비 조성을 목적으로 하는 한국노병회를 조직하기로 협의했다. 10월 7일에는 한국노병회 기초위원 등 3인을 선정했다. 이날 모임에는 앞서 나온 7명 외에도 박은식 등 9명이 추가되어 16명이 참석했다. 박은식을 제외한 대다수가 30~40대의 청장년층이었다. 이어서 10월 21일에는 노병회 발기총회 주비회가 열렸다.

10월 28일 마침내 노병회 창립총회를 개최하게 되었다. 조상섭의 집에서 개최된 창립총회에 김구 등 12명이 참석했고, 이날 회원으로 등록된 사람은 통상회원 17명과 특별회원 4명이었다. 창립총회는 먼저 주비회에서 마련한 회헌과 회칙 및 취지서를 통과시켰다. 이어서 총회는 간부를 선출했는데, 그 결과 이사장에 김구, 이사에 이유필 등 6명, 회계검사원에 조동호 등 2명이 각각 선출되었다.

노병회는 취지서에서 "정신만으로는 독립사업을 성취하기 어렵고 사업의 실제 성취에는 공구工具가 필요한데, 대한독립의 공구는 무력이오, 무력의 공구는 군인과 군비軍費"라고 전제하고, 노병勞兵 양성과 전비戰費 조성을 목적으로 밝혔다. 회헌 제3조에는 "본회는 조국광복의 용用에 공供하기 위해 향후 10개년 이내에 1만 명 이상의 노병을 양성하고 백만 원 이상의 전비를 조성함을 목적으로 한다"고 했다. 결국 독립전쟁을 해야겠다는 최종 목적을 위해 10개년 동안 준비단계를 거치겠다는 것이 주장의 핵심이었다. 여기서 노병은 "독립생계를 영위하는 노공적勞工的 기술을 겸비한 군인"을 말하는 것이었다. 즉, 한 사람이 노동자와 병사의 두 가지 성격을 모두 갖춘 것을 의미한다. 이는 임시정부가 군대를 유지할 정도의 경제력을 갖추지 못했기 때문에 부득이한 결정이었다.

노병회는 경리·교육·노공·군사 등 4개 부서를 두도록 했다. 교육부는 군사학교를 경영하거나 중국의 군사교육기관에 회원을 유학시켜 노병을 양성하는 일을 맡았다. 노공부는 군수공장을 경영하거나 중국 공장으로 유학시켜 기술자 양성을 계획했으며, 그 결과 군대를 편성할 수준에 이르면 군사부가 이를 담당할 계획이었다.

회원은 통상회원과 특별회원으로 구분되었다. 회원의 자격으로는 첫째 신체가 건강하며 학령學齡의 청년인 자, 둘째 노동의 신성과 복종의 미덕을 이해하는 자, 셋째 군인 될 지망志望과 노공勞工에 감능堪能한 지기志氣가 견고한 자였다.

통상회원이 회의 운영에 대한 실제적인 권한을 갖고 있었다. 이들은 특별회원 모집, 교육 주선, 체계적 조직, 정비 확보 등을 담당했다. 특별회원은 군사교육과 노공기술을 이수하고 군인이 되어 병역에 복무할 의무가 있었다.

회원은 100명이 넘었을 것으로 추산되나 자료상으로 확인되는 회원은 다음과 같다.

통상회원

김구, 김규필, 김기영, 김두만, 김문조, 김병진, 김승학, 김인전, 김정, 김홍서, 나창헌, 남형우, 도인권, 박걸, 백천문, 손정도, 송영순, 신현창, 양기하, 여운형, 왕신도, 윤기섭, 이계상, 이시영, 이능재, 이유필, 이종렬, 이죽림, 조동호, 조곤, 조상섭, 진수서, 최석순, 최용휘, 최준, 한태규, 황용운, 황학수

특별회원

나석주, 강명규, 강창제, 공주선, 곽연성, 김광근, 김구련, 김기덕, 김원근, 김호순, 문일민, 박만, 박영석, 박희곤, 노종균, 성준용, 송호, 윤원장, 윤세훈, 이경재, 이동건, 이성구, 이지선, 장영환, 정진국, 조정규, 주문원, 주부정, 채군선, 최천호

이 명단에서 보듯이 나석주는 노병회에 특별회원으로 참가했다. 이후 그와 밀접한 관계를 맺고 활동을 함께한 평북 의주 출신의 최천호도 특별회원으로 참가했다.

중국 군벌의 군사학교에서 군사교육을 받다

한국노병회는 1922년 창립된 후 1년 동안 눈부신 활약을 전개했다. 1년간 12회의 이사회를 개최하면서 회의 목적을 실현하기 위해 의욕적으로 활동했다. 특히 1922년 12월 5일 개최된 제3회 이사회에서는 특별회원 파견교육을 의결했다. 이동건·김세정·성준용을 한단군사강습소邯鄲軍事講習所, 백운서를 북경학생단, 주문원과 윤원장을 개봉병공국에 교육 파견토록 했다. 나석주 역시 같은 날 회의에서 강명규·송호·이영재 등과 더불어 한단군사강습소 교육 파견이 결정되었다. 1923년 6월 5일 제10회 이사회에서는 최천호·채군선·박희곤 등 3명을 낙양강무단에 유학시키기로 했다.

나석주가 노병회에 가입한 시기를 정확히 알 수는 없다. 그러나 1922년 12월 5일의 이사회에서 한단군사강습소에 파견하는 것이 결정된 것으로 보아 1922년 10월 28일 창립총회 개최에서 동년 11월까지의 어느 때에 가입했을 것으로 추정된다. 한단군사강습소는 중국 직예파直隷派 군벌인 오패부吳佩孚가 설립한 군사교육기관이었다. 여기서 나석주는 단순한 노병이 아니라 군사간부요원으로서의 교육을 받을 수 있었다.

그런데 나석주의 한단군사강습소 입소시기에 대한 다른 기록도 있어

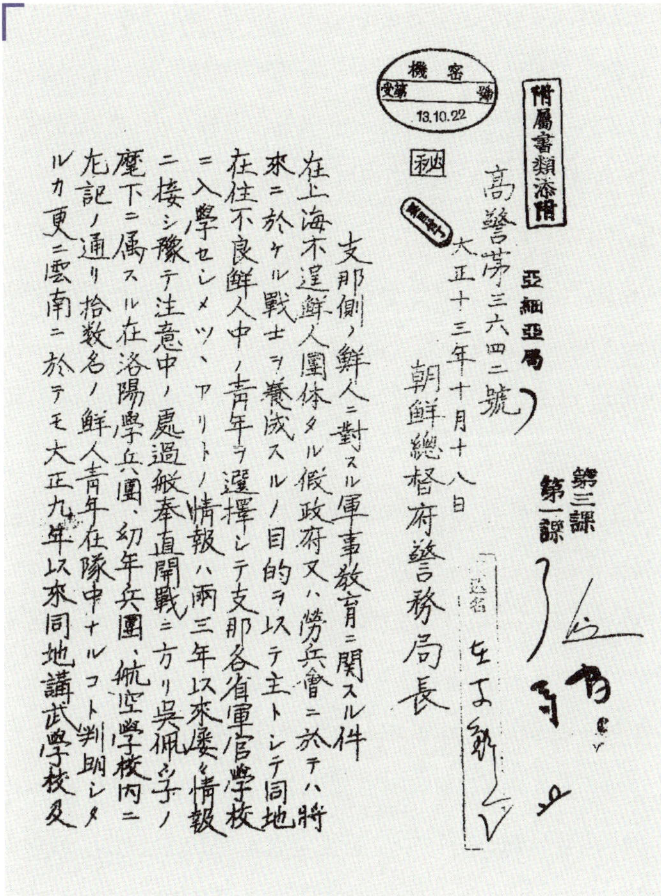

機密 受第 號 13.10.22

附屬書類添付

高警第三六四二號

亞細亞局

第三課 第一課

大正十三年十月十八日

朝鮮總督府警務局長

支那側ノ鮮人ニ對スル軍事教育ニ關スル件

在上海不逞鮮人團体タル假政府又ハ勞兵會ニ於テハ將來ニ於ケル戰士ヲ養成スルノ目的ヲ以テ主トシテ同地在住不良鮮人中ノ青年ヲ選擇シテ支那各省軍官學校ニ入學セシメツヽアリトノ情報ハ兩三年以來屢々情報ニ接シ豫テ注意中ノ處過般奉直開戰ニ方リ呉佩孚ノ麾下ニ屬スル在洛陽學兵團、幼年兵團、航空學校内ニ左記ノ通リ拾数名ノ鮮人青年在隊中ナルコト判明シタルカ更ニ雲南ニ於テモ大正九年以來同地講武學校及

중국 군벌 군관학교의 한인 군사 교육에 대한 일제정보보고서(1924. 10. 18)

검토가 필요하다. 한국독립운동사편찬위원회에서 간행한 『독립운동사』 제7권의 기록은 다음과 같다. 이는 나석주와 같이 활동했던 강양원이 광복 이후에 수기로 작성한 회고기에 근거한 것이라고 한다.

1922년 2월 20일 나석주는 강명규 등 동지 13명과 더불어 중국군 제1사단에서 한단에 설치한 '육군군관단강습소陸軍軍官團講習所'에 입학하였다. 이전부터 보정保定에는 육군군관학교가 있었으나 재정난으로 개교하지 못하고, 그 대신으로 육군 제1사단에서 한단에 '육군군관단강습소'를 설치하였던 것이다. 이때 제1사단의 사단장은 육군 중장 호경익胡景翼이었다. 이곳 군관단강습소에 입교한 한인 학생 13명 가운데 7명은 중국인 학생이 '망국노'라는 욕을 칠판에 써놓은 데 격분하여 동맹퇴학을 하고, 나석주를 비롯한 나머지 6명은 여러 가지 어려움을 참아가며 1923년 이곳을 졸업하였다.

1923년 3월 3일 나석주·강양원姜陽園(명규明圭)·이성李成(경림景林) 세 사람은 본 사단으로부터 타 부대로 파견될 학원선발시험에 합격되어 보정保定비행장에 있는 육군 공병단 철도대에서 훈련을 받게 되었다. 당시 오패부 장작림張作霖(당시 직봉전쟁直奉戰爭 시) 군은 경한선京漢線 철도파업으로 큰 피해를 입은 직후였다. 이에 따라 금후 전쟁이 일어날 때에는 철도부터 먼저 군에서 파악하여 군인·군사·물자의 수송은 군에서 직접 할 목적 아래 기관사 역무, 철도 파괴·수리 등에 훈련을 시켰던 것이다. 이곳에서 만 1년간의 훈련을 받은 나석주·강양원·이성 등은 1924년 1월 20일에 순덕부順德府에 배속되었다. 이리하여 나석주, 강양원은 사령부에 근무하고, 이성은 위대영衛大營에 근무하게 되었다. 이때 순덕부에는 왕방평王邦平(申翼熙)과 주복周復(成周湜)이 있었으므로 나석주 외 2인과 합하여 5명의 한인이 살고 있었다.

이에 따르면 나석주가 한단군사강습소에 입학한 시기는 1922년 2월 20일이 된다. 그런데 당시 한국노병회 이사회 개최기록에 따르면 나석주·강명규·송호·이성 등의 유학은 1922년 12월 5일의 제3회 이사회에서 결정한 것이다. 또한 1922년 6월 상해에서 유호청년임시대회 개최를 촉구하는 성명서에 발기인으로 참여하고 있는 것으로 보아 이때는 상해에서 활동하고 있었다고 봐야 할 것 같다. 광복 후 강양원의 회고에 근거한 『독립운동사』의 기록 중 입대 연도는 착오로 판단된다. 그 외의 상황기록은 당시 직접 교육에 참가한 강양원의 회고이므로 매우 신빙성이 크다고 해야 할 것이다. 그렇다면 나석주는 1923년 초 한단 '육군군관단강습소'에 입학하여 1924년 초 중국군 순덕부에 배속되었다가 다시 상해로 돌아온 것으로 이해된다.

이에 대해 『독립운동사』 제7권에서는 강양원의 회고에 근거하여 다음과 같이 전한다.

> 1924년 4월 5일 돌연 나석주는 동지 강양원에게 "나는 먼저 상해로 내려가 준비가 완료되는 대로 본국으로 들어갈 결심을 했소"라고 말하는 것이었다. 강양원은 "무슨 말이요?"라고 재차 물었다. 나석주는 "나는 결심한 지가 이미 오래되었소. 이번 가는 길이 다시 돌아올 길이라면 강 동지도 함께 가자 하겠는데 최후 마지막 가는 길이라 권하지 못하오" 하고 어떤 각오가 있는 듯 굳은 표정으로 말하는 것이었다.
>
> 강양원은 다시 만류하여 말하였다. "나 동지! 우리가 이곳에 와 있다는 것이 종신終身 영귀榮貴를 생각하고 와 있는 것이오? 죽을 기회를 기다리고

있는 것이 아니오? 그런 조급한 생각을 억제하고 참고 기다리다가 기회가 오면 단 몇백 명이라도 함께 나아가 한번 통쾌한 거사를 하면 좋지 않겠소?"

이와 같이 여러 말로 만류했으나 나석주는 결심한 마음은 변할 수 없다는 굳은 태도로 이들과 석별의 정을 나누고 상해로 떠났다.

임시정부의 파수꾼, 경호원이 되다

중국 국민당 군에 소속되어 근무하던 나석주는 1924년 다시 상해로 돌아왔다. 1924년 6월 말 이준수李俊秀 · 최천호 · 이민달李敏達(일명 마중달 · 이지여)과 함께 임시정부의 경무국 경호원으로 임명되어 임시정부 소속으로 활동하기 시작했다. 경무국은 일본 경찰이나 밀정의 임시정부 침투를 제지하고 친일 밀정을 처단하는 한편 임시정부 요인들을 경호하는 등 임시정부를 보위하기 위한 조직이었다.

이들은 상해 교민단을 호위하는 의경대義警隊 사무도 겸했다. 의경대는 교민단 소속으로 친일 조선인이나 일제 관헌과 내통하는 조선인 등을 조사하는 임무를 맡았다. 1924년 6월 8일 의경대원인 최천호와 장덕진이 사직함에 따라 의경대 사무가 일시 정지되었는데, 이때 다시 나석주 등을 경무국 경호원으로 임명하면서 의경대 사무도 재개한 것이다.

그가 임시정부 경무국 경호원이 된 것은 백범 김구와의 관계가 큰 영향을 미쳤을 것으로 보인다. 당시 김구는 경무국장을 사임하고 내무총장으로 재임하고 있었다. 나석주는 은사이기도 한 김구를 평생 따랐는데, 김구도 그를 매우 신임했다. 그와 김구와의 관계를 알려주는 사례로 김구는 『백범일지』에 다음과 같은 일화를 소개하고 있다.

> 민국 8년(1926년)이었다. 하루는 나석주가 조반朝飯 전에 고기와 반찬거리를 들고 우리 집에 와서 어머님을 보고 오늘이 내 생일이라 옷을 전당을 잡혀서 생일 차릴 것을 사왔노라 하여서 처음으로 영광스럽게 내 생일을 차려 먹은 일이 있었다. 나석주는 나라를 위하여 동양척식회사에 폭탄을 던지고 제 손으로 저를 쏘아 충혼이 되었다. 나는 그가 차려준 생일을 영구히 기념하기 위하여, 또 어머님의 화연花宴(환갑잔치)을 못해 드린 것이 황송하여 평생에 다시는 내 생일을 기념치 않기로 하고 이 글에도 내 생일 날짜를 기입하지 아니한다.

임시정부 경무국은 말 그대로 일제 경찰과 정탐, 밀정 등으로부터 임시정부를 보위하는 업무를 맡은 곳이었다. 나석주는 3·1운동의 결과, 우리 민족의 대표기관으로 설립된 임시정부가 독립운동의 중심이 되어야 한다고 생각했다. 이는 그가 존경하던 김구의 입장이기도 했다. 그래서 1922년 6월 유호청년임시대회의 개최를 요구하는 발기인으로 참여했으면서도 임시정부를 중심으로 단결할 것을 주장했다. 임시대회에서 임시정부 옹호 결의를 이끌어내려 했던 것에서도 그의 생각을 엿볼 수 있다. 이런 그가 임시정부 경무국에서 근무하게 된 것은 지극히 자연스

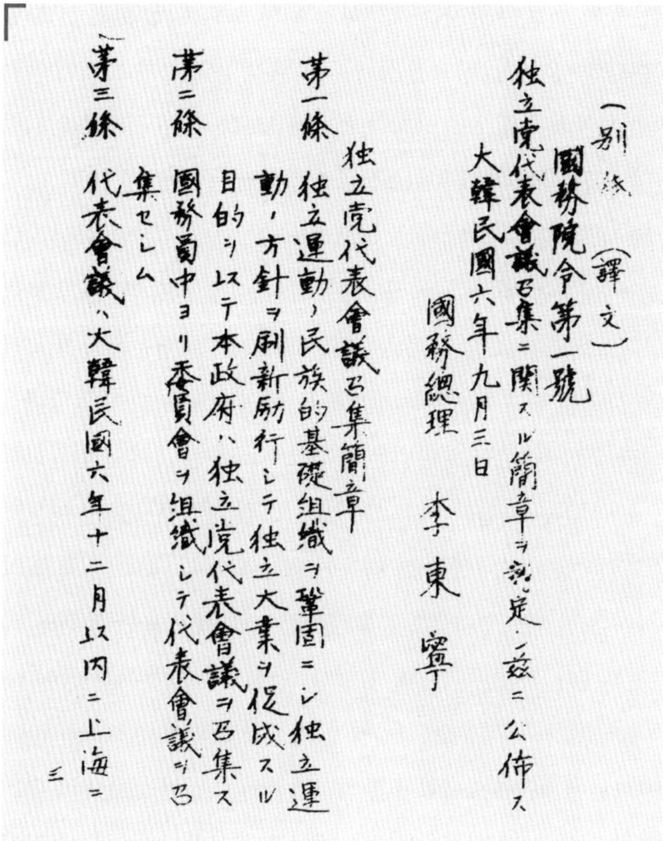

（別紙（譯文））
國務院令第一號
独立党代表會議召集ニ関スル簡章ヲ制定シ茲ニ公佈ス
大韓民國六年九月三日
國務總理 李東寧
独立党代表會議召集簡章
第一條 独立運動ノ民族的基礎組織ヲ鞏固ニシ独立運動ノ方針ヲ刷新励行シテ独立大業ヲ促成スル目的ヲ以テ本政府ハ独立党代表會議ヲ召集ス
第二條 國務員中ヨリ委員會ヲ組織シテ代表會議ヲ召集セシム
第三條 代表會議ハ大韓民國六年十二月以内ニ上海ニ
三

독립당대표회의 소집 간장(일본어 번역)

러운 일이라고 할 수 있을 것이다.

그는 김구의 지시를 받아 임시정부의 보위와 옹호를 위한 행동대로서 활동했다. 그 한 예가 임시정부의 자금 지원을 위해 민정식을 구금한 사건이다. 1923년의 국민대표회의가 끝나고 난 이후 임시정부 내부에서도 독립운동의 새로운 방향을 모색하기 위한 노력이 있었다. 1924년 7월 12일 윤자영·윤기섭·장덕진 등 임시정부 의정원 의원 20명이 독립운동 단체의 통일과 독립운동 방책의 쇄신을 도모하자는 취지로 임시정부에 독립당대표회의獨立黨代表會議 소집을 요청했다.

임시정부 내부에서는 반대하는 목소리도 있었으나, 결국 동년 9월 3일 국무총리 이동녕 명의로 '독립당대표회의 소집 간장簡章'을 발표했다. 독립당대표회의의 소집 목적은 간장 제1조의 "독립운동의 민족적 기초조직을 공고히 하고 독립운동의 방침을 쇄신 여행勵行하여 독립대업을 촉성"하기 위함이었다. 그 방법은 임시정부 국무원 중에서 위원회를 조직하여 대표회의를 소집한다는 것이었다. 소집 대상은 100인 이상으로 조직된 독립운동 단체나 현저한 활동이 있는 단체의 대표 1인씩과 임시정부에서 지정한 대표였다. 그런데 문제는 소집에 필요한 일체의 비용을 임시정부에서 지출한다는 데 있었다. 당시 임시정부는 자금이 매우 궁핍한 상태였다. 재무총장 이시영이 의정원 회의에서 보고한 바에 의하면, 1921년에 3만 5,883원이던 임시정부의 수입이 1923년도에는 2,570원에 불과했다. 직원들의 봉급도 제대로 지급하기 어려운 실정이었다. 이러한 재정상의 이유로 독립당대표회의 소집에 반대하는 의견이 제기된 것이다.

김구는 이러한 어려움을 타개하기 위해 특단의 조치를 계획했다. 명성황후의 인척인 민정식이 상해의 은행에 거금을 예금해두었는데, 그를 통해 독립당대표회의 개최 자금을 조달하려 한 것이다. 이를 위해 나석주는 김구의 지시를 받아 1924년 10월 손두환·최천호 등과 함께 민정식을 구금한 후 예금을 인출하려 했다. 그러나 결국 주변의 견제로 뜻을 이루지는 못했다.

이 사건을 보고한 1924년 10월 일제의 내부 정보보고서에는 나석주가 임시정부 경호국장으로 기록되어 있다. 일제의 다른 보고서에도 그가 경호국장이라고 표기되어 있는 것으로 미루어볼 때 10월경에는 경무국장에 재직하고 있었던 것으로 보인다. 그러나 동년 12월 25일 손두환이 경무국장에 임명되었으므로 나석주의 재임기간이 길지는 않았을 것이다. 의열의 피가 끓는 나석주는 임시정부 경무국에 안주할 수 없었다. 임시정부의 활동이 극히 침체된 상황이었으므로 그에게는 독자적인 활동 공간이 필요했다. 결국 의열투쟁 단체에 가입하여 독립운동의 새로운 길로 나서게 된다.

의열단, 병인의용대에 가입하다

의열투쟁의 본산 의열단

나석주는 상해에서 의열단義烈團에 가입하여 활동했다. 의열단은 1919년 11월 9일 중국 길림성 파호문 밖의 중국인 집에서 조직되었다. 김원봉·윤세주·이성우·곽경·강세우·이종암·한봉근·한봉인·김상윤·신철휴·배동선·서상락·권준 등 13인으로 단장격인 의백에 김원봉金元鳳이 추대되었다. 의열단은 1920년대의 의열투쟁사에서 가장 활동적이고 선도적인 모습을 보여준 조직이었다. 활동 기간과 지속도, 거사 추진의 빈도와 실적, 파장과 영향 등 어느 면을 보더라도 단연 두드러졌다. 의열단은 창단 시 일곱 부류의 암살 대상과 다섯 가지의 파괴 대상을 선정해 놓고 있었다. 의열단의 공약 10개조 및 7가살可殺, 5개 파괴 대상은 다음과 같다.

공약 10개조

① 천하의 정의의 사를 맹렬히 실행하기로 함

② 조선의 독립과 세계의 평등을 위하여 신명을 희생키로 함

③ 충의의 기백과 희생의 정신이 확고한 자라야 단원이 됨

④ 단의團義에 선先히 하고 단원의 의義에 급急히 함

⑤ 의백義伯 1인을 선출하여 단체를 대표함

⑥ 하시하지何時何地에서나 매월 1차씩 사정을 보고함

⑦ 하시하지에서나 초회招會에 필응必應함

⑧ 피사避死치 아니하여 단의에 진盡함

⑨ 일이 아홉을 위하여, 아홉이 일을 위하여 헌신함

⑩ 단의에 반배叛背한 자는 학살함

7가살

① 조선총독 이하 고관, ② 군부 수뇌, ③ 대만 총독, ④ 매국노, ⑤ 친일파 거두, ⑥ 적탐敵探, ⑦ 반민족적 토호열신土豪劣紳

5개 파괴 대상

① 조선총독부, ② 동양척식주식회사, ③ 매일신보사, ④ 각 경찰서, ⑤ 기타 왜적 중요기관

위와 같이 처음부터 단의 활동 목표가 식민지 지배의 핵심기관과 그 수뇌, 요인 및 친일 민족반역자 집단 제거·숙청으로 확정되어 있었다.

김원봉

그리하여 의열단은 1920년대 전반기부터 줄기차게 투탄·저격 거사를 기도하고 실행했다. 1920년 두 차례 폭탄 거사에 이어 1921년 9월 중순에도 대담무쌍한 방법으로 투탄 거사를 감행하여 성공시켰다. 신입단원 김익상金益相이 조선총독부 청사 안으로 유유히 걸어 들어가 폭탄 두 발을 던져 터뜨리고는 잠적하여 북경의 본부로 무사히 귀환한 사건이었다. 1922년 3월 28일에는 상해 황포탄 부두에서 일제 침략군부의 거물인 육군 대장 전중의일田中義一을 암살하기 위한 투탄 저격 거사를 벌였다. 그러나 김익상·오성륜·이종암이 각각 제1선·제2선·제3선을 담당한 이 거사는 폭탄이 불발하고 탄환이 빗나가는 바람에 실패로 돌아갔고, 영국인·미국인·중국인 사상자가 발생한 데 대한 비난까지 받아야 했다. 그 후 의열단은 상해파 고려공산당에서 '레닌자금'의 일부를 지원받아 상해에 폭탄 제조소 열두 곳을 설치해서 헝가리인 기술자를 초빙하여 성능 좋은 폭탄을 자체 제조하고 상비할 수 있게 되었다.

1922년 여름 의열단은 임시정부 재무총장 이시영의 요청으로 국내 부호들에게서 독립운동 자금을 거둘 것을 계획하고, 우선 원활한 징수 목적을 위해 단원 김상옥을 파견하여 서울에서 폭탄 거사를 추진했다. 김상옥은 1923년 1월 12일 종로경찰서에 폭탄을 던지고 은신했으나 효제동의 은신처가 발각되고 말았다. 김상옥金相玉은 겹겹이 포위한 경찰병

력과 대치하여 3시간이나 총격전을 벌이다가 최후의 1발로 자결 순국했다.

김상옥

이 거사계획과는 별도로 의열단은 이르쿠츠크파 고려공산당 조직과 합작하여 대규모 국내 폭탄 거사도 추진했다. 행동대장 역을 맡은 김시현은 경기도 경찰부 경부 황옥黃鈺의 은밀한 도움으로 1923년 3월 초에 18개의 고성능 폭탄을 서울로 갖고 들어왔다. 신의주와 안동현에 보관해둔 나머지 18개도 곧이어 반입할 계획이었다. 그러나 서울 잠입 후 이틀 만에 거사 요원과 조력자 전원이 피검됨으로써 제2차의 적 기관 및 요인 총공격 계획은 수포로 돌아갔다.

1923년 1월 상해에서 국민대표회의가 개최된 후, 의열단은 신채호申采浩가 작성한 「조선혁명선언」을 발표하여 암살파괴운동의 논리와 이념적 지표를 당당히 천명했다. 이에 국민대표회의에 참석 중이던 각지 운동단체들이 4월 1일 국내·일본·만주에 암살 임무를 띤 6개 결사대 파견을 결의했고, 의열단 가입자도 크게 늘어나 단원 수가 약 150명에 이르렀다. 3년 6개월 만에 단원 수가 10배 이상 늘어난 것이다.

이에 의열단은 일제의 심장부를 겨냥하는 대규모 광역 거사를 추진했다. 일본 관동군이 장악하고 있던 남만주철도를 폭파하고, 그 연변을 교란하는 양동작전을 서곡으로 하여 서울과 동경에서 대대적인 암살파괴 활동을 벌인다는 계획이었다. 그리하여 결사대원 16명을 파견하기로 계획한 국내 거사를 위해 상해 의용단 및 북경 천도교 조직과 제휴했고, 회기 중의 일제 제국의회 습격과 동경 거사를 위해서는 박열 등의 한인 무정부주의 그룹과 공동행동을 하기로 밀약하여 선발대를 보내고 폭탄 50개를 이송할 준비까지 마쳐두었다. 그러나 10월 중 실행 예정이던 광역, 동시 거사 계획은 9월 1일에 일어난 관동대지진으로 좌절되었다. 군중 폭동 예방책으로 일제가 조작해 퍼트린 유언비어로 인해 동경에서 6,000여 한인이 학살되었는데, 그 와중에 선발대원들도 다수 희생되고 만 것이다. 또한 박열은 일왕 암살모의 혐의로 체포되고, 상해에서는 폭탄 은닉처가 일경의 급습을 받아 50개 모두 압수되었다.

의열단은 거듭된 실패의 역경과 자금 궁핍의 난관을 헤쳐나가며 1924년에도 동경 총공격과 민중봉기 촉발을 목적으로 국내 거사계획을 계속 추진했다. 3월 하순에는 단원 3명이 일본으로 잠입하여 5월 총선거 및 임시의회 개회에 맞추어 거사를 준비했고, 6월에도 통의부와의 합작에 의한 일본 거사를 추진했다. 11월 말에는 의열단의 결사대원 30여 명을 한 달 전에 국내로 들여보냈다는 기사가 각 신문에 실리자, 총독부 당국이 민심불안을 이유로 신문을 모두 압수하기도 했다. 1924년 말과 1925년 초에도 일·소 국교 재개에 분개한 의열단원들이 일본에서의 거사를 위해 잠행하고 있다는 보도가 잇따라 나오곤 했다. 그럼에도 이들 거사계획은 추진단계에서 번번이 좌절되어 어떤 가시적인 성과를 거두지 못했다. 자금난이 심해지고 일제 관헌의 감시망·첩보망이 더욱 주밀해졌기 때문이다.

1925년에 들어서면서 의열단 지도부는 독립운동의 주·객관적 여건과 내외형세가 그동안 크게 변했음을 절감하게 되었다. 이들은 암살파괴 거사가 대중 일반을 각성시켜 일제 봉기의 격발제가 될 가능성이 거의 없는 것으로 판단했다. 그보다는 비록 시간은 좀 걸릴지라도 농민·노동자·청년 대중의 조직화와 체계적인 의식화가 실질적인 효과를 낳을 대안으로 부각되었다. 의열단 출신이 포함된 청년동맹회에서 의열단의 암살파괴운동에 대해 비판을 제기한 것도 이러한 변화의 계기가 되었다.

이런 사정들을 놓고 고민하던 의열단 지도부는 암살파괴운동 일변도의 활동이 더 이상 유효적절한 노선이 되지 못함을 인정하고, 대중투쟁과 군사운동의 결합을 향후의 대안적 노선으로 설정하는 결단을 내렸다. 의열단은 1925년 8월에 본부를 남중국의 광주廣州로 옮긴 후, 김원봉을 비롯한 핵심단원들이 황포군관학교에 입학했다. 또 장지락張志樂 등 단원 7명도 중산대학에 입학하여 체계적인 혁명사상과 군사훈련을 받기로 했다. 의열단은 1926년에 접어들면서 혁명정당 겸 반공개적 대중운동 조직체제로 개조하는 것으로 노선전환을 꾀했다.

그러나 의열단 간부인 류자명柳子明은 중앙집권적인 정치·군사조직이 필요하다고 본 다른 간부들과 달리 의열투쟁 노선을 고집했다. 그는 홀로 상해에 남아 단원들 간의 연락 사무와 신입단원 교육 등을 맡았다. 류자명은 독자적으로 친일 밀정 김달하 처단 등의 의열투쟁을 추진하기도 했다. 중국 단기서段祺瑞 총리의 부관으로서 정계의 유력자가 된 김달하는 1924년 김창숙에 의해 일제의 고급 밀정이라는 사실이 알려졌다. 이에 류자명이 의열단 본부와 상의 없이 김창숙·이회영李會榮과 협의하여 다물단多勿團 단원을 동원해 1925년 3월 30일 그의 자택에서 교살 응징했다.

나석주는 이렇듯 의열투쟁의 선봉에 섰던 의열단에 가입하여 자신이 원하던 열혈 같은 독립투쟁에 나섰다. 그런데 그의 의열단 입단 시기가 정확하지 않다. 박태원의 『약산과 의열단』에 의하면 "나석주가 의열단원 류자명의 소개로 약산과 서로 만난 것은 그 이듬해 곧 1926년 5월, 천진에서다. 두 혁명가는 서로 만남이 너무나 늦었음을 한탄하고 앞으로 손을 맞잡아 운동에 종사하기를 굳게 언약했다. 나석주가 의열단에 가맹한 것은 바로 이때이다"라고 한다. 1926년 5월 천진에서 의열단에 입단했다는 것이다.

반면 나석주의 의열단 가입에 대한 류자명의 회고는 다음과 같다.

> 내가 북경에서 단재 선생과 함께 있을 때에 나석주가 북경에로 와서 단재와 나를 만나보고 자기의 지원과 결심을 말하였다. "폭탄과 권총을 가지고 한성에 가서 일본의 원수놈들과 싸우다가 최후에 탄환 한 개로 자살을 해서 나의 생명을 나의 손으로 해결하기로 결심하고 있다"고 말하면서 누구나 그의 지원을 실현하기 위하여 도와주기를 바란다고 하였었다. 그때에 나석주는 아직 의열단의 단원이 아니었다. 그때에 나는 나석주에게 대하여 "우리는 우리 조국의 독립과 자유를 위하여 같이 단결하여 투쟁하자"고 말했었다. 그래서 그때로부터 나석주는 의열단의 동지로 되어서 그와 나의 관계는 더욱 친밀하게 되었다.

류자명이 신채호와 북경에 거주하던 때에 나석주가 북경으로 그들을 찾아와서 의열투쟁 결의를 밝혔다는 것이다. 류자명은 1922년 봄 의열단에 가입한 후 통신과 문자선전, 교육 등의 책임을 맡았다. 그는 『의열단간사』를 저술하여 의열단의 활동을 기록으로 정리하여 신입단원들에게 교육하는 역할을 담당했으며, 의열단에서 발표한 대부분의 문건을 작성하기도 했다. 김원봉과 류자명은 북경에 거주하던 신채호를 상해로 초빙하여 약 한 달간 상해의 의열단 비밀사무소에서 합숙하면서 「조선혁명선언」을 작성하도록 했다. 이렇게 하여 1923년 1월 의열단 명의로 조선혁명선언이 발표되었다. 류자명은 당시 의열단의 핵심적인 활동가 중 한 명이었다. 그는 의열단원으로 활동하는 한편 신채호와 무정부주의 결사조직도 추진했다. 1924년 4월 20일 북경에서 정화암·백정기·이을규·이정규 등과 함께 재중국무정부주의자연맹을 결성했다. 1923년에는 이규준李圭駿·이규학李圭鶴 등과 의열투쟁 단체인 다물단을 조직했다.

류자명

그런데 일제 측이 1925년 5월에 작성한 「재외 불령선인의 정황」이라는 정보보고서에 의하면 나석주는 1925년 2월 현재 의열단원으로 나타난다. 또 나석주는 1924년 6월 상해의 임시정부 경무국 경호원에 선임되었다. 따라서 나석주가 북경에 거주하던 신채호와 류자명을 만난 것은 1924년 초였을 것으로 추정된다. 나석주는 1923년 한단군사강습소

이승춘(이화익)

에서 군사훈련을 받은 후 중국군 장교로 활동했고 1924년 초 상해로 되돌아왔는데, 이때 북경에 들러 의열단에 가입했을 것으로 보인다.

나석주가 의열단에 가입하여 활동한 내용을 알려주는 자료는 거의 없다. 나석주의 국내 거사 이후 신문에 보도된 그의 행적 기사에도 의열단에서의 구체적인 활동 기록은 보이지 않는다.

1924년은 임시정부나 의열단이나 자금 공급이 원활하지 않아 매우 곤궁한 실정이었다. 의열단원들은 이를 타개하고 거사자금을 마련하기 위해 필사적으로 노력했다. 이러한 노력 중 하나가 나석주도 참여한 1924년 중국도박장 습격 활동이었다.

임시의정원 의원이자 의열단 단원인 장덕진과 김종철金鍾喆은 김명현金明鉉·김문희金文熙·이승춘李承春과 함께 1924년 8월 18일 밤 각자 권총을 휴대하고 상해 프랑스 조계 공관장로 고안리의 중국도박장에 돌입하여 도박금전을 탈취하려고 했다. 그러나 현장에 있던 프랑스 경찰과 중국인 탐정의 사격을 받아 장덕진은 가슴에 관통상을 입고 현장에서 쓰러지고, 김문희와 이승춘은 바로 체포되었다. 밖에서 망을 보던 김종철과 김명현 두 사람만 도피하여 간신히 검거를 면했다. 장덕진은 프랑스 병원에 입원했으나 결국 8월 26일 순국했다. 체포된 이승춘과 김문희는 그 후 프랑스 법원에서 재판을 받고 고초를 겪었다.

이러한 활동에 나석주도 참여했다. 구체적인 활동내용을 확인하기는 어려우나 나석주의 국내 거사 후 그의 행적을 보도한 신문에는 그가 이 활동에도 관여했다고만 밝히고 있다. 거사를 주도한 장덕진은 1922년 12월 말 최천호崔天浩와 함께 의경대 대원으로 선임되어 활동하다가 1924년 6월 사임했다. 그를 이어 나석주 등이 임시정부 경호원에 임명되면서 의경대 활동도 겸임하였다. 또한 1922년의 유호청년임시대회 당시 나석주와 더불어 장덕진과 이승춘도 발기인에 포함되어 있었다. 따라서 나석주와 장덕진·이승춘 등은 이전부터 동지적 관계를 맺고 있었던 것으로 보인다. 이승춘은 이 활동으로 체포되어 고초를 겪고 출감한 후 나석주와 국내 의열투쟁도 함께 추진했다.

장덕진은 나석주와 같은 황해도 재령 출신이었다. 설산 장덕수와 『동아일보』 간도특파원으로 실종 순국한 장덕준의 동생이다. 김구가 재령을 오갈 때 나석주와 장덕준을 만나보곤 했다고 회고한 것으로 보아 향리에서부터 나석주와 서로 알고 지냈을 가능성이 크다. 3·1운동이 일어나자 만주로 망명하여 오동진·박태열 등과 함께 광제청년단廣濟青年團을 조직했다. 1920년 광복군총영이 만주의 무장독립운동 단체들을 결집하여 통일전선을 형성하고 임시정부의 승인을 받게 되자 총영장 오동진의 막료로 임명되어 무장활동을 계속했다. 1920년 8월에 미국의원단이 내한하는 기회를 틈타 일제의 중요기관 폭파 및 고관암살의 밀명을 띠고 국내에 파견되었다. 동년 8월 3일 평남경찰부 청사와 평양시청·평양경찰서 등에 폭탄을 던졌으나, 평남경찰부만 일부 폭파하고 나머지 폭탄은 불발에 그쳤다. 그는 대원들과 무사히 본대로 돌아왔으나, 궐석재판에서 무기징역형을 선고받았다. 1920년 11월 러시아 모스크바에서 개최된 '세계혁명자단체대표자회의'에 김규식·여운형 등과 함께 각 단체 대표 중 1인으로 참가하기도 했다. 그 후 상해로 가서 1922년 유호청년 임시대회 개최를 추진했고, 동년 8월에는 국민대표회의주비회의의 조속한 개최를 촉구하는 '선언'을 발표하여 분열되는 독립운동 단체 대표들의 각성을 촉구하기도 했다. 1922년 1월에는 그와 이탁을 체포하기 위해 일경의 밀정이 파견되었다는 정보에 따라 임시정부에서 윤덕보에게 밀정 처단의 명령을 내리기도 했을 정도로 일제에게는 눈엣가시 같은 존재였다. 이러한 장덕진의 순국은 독립운동계로서는 뼈아픈 손실이 아닐 수 없었다.

나석주가 의열단에 소속되어 활동하던 1924~1925년간은 의열단의 재정이 매우 궁핍하던 시기였다. 따라서 나석주의 의열단 활동은 주로 상해에서의 군자금 모집 활동으로 이어졌다. 그중의 하나가 이항진李恒鎭에게서 군자금을 모집하려 한 활동이다.

구체적인 경위는 확인되지 않으나 의열단의 상황을 보고한 일제 측 기록에 "(1925년) 2월 중순에 단원 나석주의 일파 수명이 황해도인 이항진의 소지금을 빼앗으려 했는데 이에 응하지 않자 마침내 도상刀傷을 입혔다"는 내용이 발견된다. 나석주를 비롯한 의열단원들이 민간인인 이항진의 자금을 획득하려 한 시도는 사실로 보인다. 이런 내용이 『독립신문』에서도 확인되기 때문이다. 그런데 이항진 관련 내용에는 다른 측면도 있었던 것 같다. 이에 관한 『독립신문』 기사는 다음과 같다.

일본 외무성 촉탁 김명현金明鉉은 황해도 은률군 29세로 수년 전 적 외무성 촉탁이 되어 …… 예컨대 의열단에 입단하여 해단의 내용을 조사하는 동시에 또 청년동맹회에 입회하여 해 회의 간부원까지 되어가지고 좌우편으로 충동질을 하야 양단간의 감정을 상하게 한 것이며 고 장덕진 군을 충동질하여져서 참사를 당케 할 뿐 아니라 자기는 문외에서 간망看望하겟노라 하야 일변으로 위험을 피하고 일변으로 공무국에 밀고하여 결국 자기를 제한 외 전부가 일망타진을 당케 한 것이며, 나석주를 충동하여 자기의 단총을 빌녀주워가지고 이항진을 협박식엿다가 결국 사실이 발각되매 자구自懼하여 얼마 동안 홍구에서 법계法界에 입래치 못한 것이며 이승춘 재감 중 그를 농락키 위하야 출감운동비 천 원을 자기가 자담하겟노라는 호어를 발하엿다가 결국 이 군이 출감 후 그를 여러 가지로 응용코져 한 사실이며 독립신문사에 소허의 금전을 밋기로 드려노와 가지고 최천호 군을 농락하여 경리부장을 빼트려내가지고 독립신문사를 망해먹을나고 한 일이며 …….

이 기사를 보면 일본 외무성 밀정인 김명현이 의열단에 입단하여 나석주 등 의열단원들을 충동하여 이항진의 소지금을 강탈하려 했다는 것이다. 당시 매우 궁핍했던 의열단으로서는 활동에 필요한 자금을 조달하기 위해 동분서주했는데, 일제 밀정이 이를 이용하여 이간을 부추긴 정황이 보인다. 김명현은 장덕진 등의 도박장 습격활동 당시에 이 거사 계획을 중국 당국에 밀고하여 거사가 실패하도록 한 악질 밀정이었다.

이렇듯 나석주가 의열단에 가입했을 때는 의열단의 투쟁성이 많이 약화되었을 때였다. 따라서 의열단원으로서 나석주의 활동도 군자금 모집 활동에 그치고 있었다. 의혈남아로서 피 끓는 투쟁을 열망하던 나석주로서는 불만일 수밖에 없었고, 새로운 의열투쟁 단체를 모색하게 되었으니 그것이 병인의용대였다.

병인의용대 결성에 참여하다

한국노병회에 참가하여 활동했던 나석주는 한국노병회가 해체되고 이를 이어 병인의용대가 결성되자 병인의용대丙寅義勇隊에도 참여했다. 병인의용대의 결성 경위와 주요 활동을 살펴보면 다음과 같다.

군사와 군비를 준비한 후 일제와의 전쟁을 통해 독립을 쟁취하자는 독립전쟁 준비 방략에 따라 1922년 한국노병회가 결성되었다. 그러나 한국노병회에서 계획한 10년 이내에 1만 명의 노병 양성과 100만 원의 전비 조성은 당시 상해 독립운동계의 상황으로 보아 불가능한 목표였다.

한국노병회는 1922년 10월 출범 이후 2~3년간 활발한 활동을 전개했다. 김구가 이사장을 맡았던 이 시기는 노병 양성과 전비 마련에 진력한 기간이었다. 그러나 1925년 무렵부터 급격히 세력이 약해져 유명무실화되어갔다. 이에 한국노병회 측 인사들은 새로운 독립운동 방략을 모색하게 되었다. 즉, 한국노병회 회원 중 의열투쟁 경험이 있는 회원을 중심으로 의열투쟁 방략으로의 전환을 추진한 것이다. 한국노병회의 새로운 독립운동 방략의 모색과 그에 따른 전환의 일환으로 결성된 것이 병인의용대였다. 이러한 병인의용대의 모체가 된 것은 정위단正衛團이었다.

정위단은 1925년 6월 13일 임시정부의 내무차장인 나창헌과 경무국 참사인 강창제·박창세 등이 임시정부 청사에서 결성한 임시정부 경무국의 외곽단체였다. 정위단은 상해에 거주하는 한인동포의 생명과 재산을 보호하는 것을 목적으로 결성된 단체였다. 정위단의 단원은 단장 나창헌, 심판원 강창제·고준봉, 수사원 박창세·유창준·김예진 등이었다. 이들 중 상당수는 병인의용대의 핵심인물이자 한국노병회의 회원이기도 했다. 병인의용대는 이러한 정위단을 확대·발전시켜 의열투쟁을 전개할 수 있도록 개편한 것이다. 대장은 이유필, 부대장은 나창헌·최창식·박창세 등이었다.

결성 초기의 병인의용대는 간부회의와 대원총회의 의결기구와 참모부·사령부·경리부의 실행기구로 조직체계를 갖추고 있었다. 간부회의의 구성원은 대장 1인과 대부 3인으로 구성되어 있었다. 또한 의열투쟁을 직접 수행하는 행동대로 3개조의 부대를 편성하고 있었다.

병인의용대는 국권 회복과 실추된 임시정부의 권위 회복을 목적으로 결성된 단체였다. 그 방법으로 제시된 것이 임시정부 주변에 산재한 좌익단체, 일제의 주요 관공서, 일제의 밀정 등을 처단 혹은 파괴하는 의열투쟁이었다. 이러한 의열투쟁 방략은 다음의 창립선언서에 잘 나타나 있다.

> 본대는 임시정부의 기치하에 철혈주의鐵血主義로 독립운동에 예신자진銳身自進하는 의용청년을 체맹締盟하여 적의 모든 시설을 파괴하고 적에 부수하는 일체의 이적행위를 삭제하기 위해 이를 선언한다. …… 적의 정치상

경제상 모든 시설을 파괴하고 침략정책을 주모행사하는 적리敵吏와 제국주의의 주구배인 한간韓奸을 습격 암살하는 적극행동을 취하고 …….

이에서 보듯이 병인의용대는 국권회복과 임시정부의 권위를 훼손시키는 모든 세력, 즉 일제의 모든 시설과 기관, 친일 관리, 일제의 주구배 등을 철저한 의열투쟁으로써 암살·파괴하여 독립과 자유를 쟁취한다는 것이다.

병인의용대는 결사 목적을 수행하기 위해 다음과 같이 일제 기관 파괴, 밀정·주구배 처단, 주요 요인 처단 등의 의열투쟁을 전개했다.

첫째, 1926년 4월 8일 김광선·김창근·이수봉 등 병인의용대원 3명이 상해 일본 총영사관 후면 도로에 있는 건물에 폭탄 2개를 투척했다. 비록 일본 총영사관을 폭파하려는 본래의 목적을 달성하지는 못했지만, 건물의 일부 유리창이 대파되고 영사관 내의 기물이 상당수 파괴되었다.

같은 해 9월 15일에는 나창헌이 직접 제작한 시한폭탄을 중국인 서윤쌍徐倫雙으로 하여금 일본 총영사관에 반입해 폭파하려고 했다. 이 시도 역시 폭탄이 영사관 문 앞에서 미리 폭발하여 목적한 바를 달성하지 못했다.

1927년에는 강창제 등이 이지선이 제작한 시한폭탄을 상해 일본 총영사관의 부속건물인 창고에 투척하여 대파했다.

둘째, 일제의 밀정 및 주구배에 대한 처단이다. 1926년 2월 1일 4명의 실행대가 일제 밀정인 박제건을 상해에서 처단했다. 동년 2월과 3월 사이에 4명의 일제 밀정을 처단했다.

셋째, 국내 독립운동 단체와 연계하여 국내에 설치된 일제 시설물을 폭파하거나 민중 반일시위를 선동하는 등 독립운동을 추진했다. 1926년 6월 융희황제의 인산을 계기로 김광선·이덕삼·고준택·김석룡 등 4명의 대원을 파견했다. 이들은 권총과 폭탄 등을 은닉하고 상해에서 배를 이용하여 국내로 잠입하던 중 일제 수상경찰에 검거되어 뜻을 이루지 못했다.

나석주는 이와 같이 활발한 활동을 벌인 병인의용대에 결성 초기부터 참여했다. 1926년 1월 1일 자 입대서약서를 통해 이를 확인할 수 있다.

입대서약서

본인이 금차 한국병인의용대韓國丙寅義勇隊에 대원으로 허입許入되온 바 금후로는 본대本隊 헌칙憲則 및 제 규율을 절대 준수하여 단순한 정신으로 왜적의 모든 시설을 파괴하는 폭력운동에 전심전력하며 전도前途에 여하한 험고險苦와 환경의 변동이 있더라도 차지此志를 영영 불변할 것을 자玆에 서약함.

서약인 나석주 인

단기 4259년 1월 1일

한국병인의용대 대장 앞

이미 의열단에 가입하여 활동하고 있던 그가 또다시 병인의용대에 가입하게 된 동기는 의열투쟁에 대한 열망 때문이었다. 격렬한 의열투쟁을 통한 독립 쟁취라는 신념을 가지고 있던 나석주로서는 의열단의 활

손기업

동이 침체되자 또 다른 활동 공간이 필요했던 것 같다.

나석주와 함께 병인의용대 대원으로 활동했던 손기업孫基業은 나석주 순국 30주년을 기념하여 1956년 12월 28일 자 『동아일보』에 기고한 추념사에서 다음과 같이 나석주가 병인의용대 결성의 책임자였다고 술회했다.

> 북경과 상해를 무대로 하여 의열단을 비롯한 여러 구국단체에 가담하여 애국애족의 모든 행동에서 우이를 잡은 사실은 모두 나열하기 어렵거니와 형님은 남달리 느낀 바 있어 단기 4259년 초에 자신이 책임자가 되어 병인의용대를 조직하시었지요.
> 그래서 바로 저 왜적이 우리 조국경제 침략의 아성인 조선식산은행과 동양척식회사를 폭파하려던 것이 병인의용대의 첫 사업이 아니었습니까?
> 형님과 우리 동창 일동은 그때에 천진 법조계 복수리 44호에서 살면서 주야로 조국 구출의 일념을 가슴에 간직하고 마음을 태우고 있었던 것은 지금도 우리의 기억에 생생합니다.

나석주가 병인의용대 결성 초기부터 참여한 것은 사실이겠으나, 그렇다고 결성 책임자라고 하기에는 무리가 있다. 나창헌 등이 결성의 주체였을 뿐 아니라 나석주는 간부 명단에 포함되어 있지 않기 때문이다.

손기업은 나석주의 투탄 의거도 병인의용대의 활동이라고 밝히고 있다. 실제로 투탄 의거 이후 이 활동을 처음 보도한 『동아일보』 호외 기사에는 그가 병인의용대 계열이라고 되어 있다. 그러나 투탄 의거의 전후 인맥관계를 보면 나석주가 이 거사를 병인의용대의 지시를 받아 실행했다고 보기는 어렵다.

거사를 위한 귀국

일제 기관 폭파 거사를 추진하다

나석주는 1924년 상해에서 임시정부를 중심으로 활동했으나 이 시기의 임시정부는 침체를 벗어나지 못하고 있었다. 열혈청년 나석주에게는 실제적인 독립운동이 필요했다. 그는 상해를 떠나 천진天津과 북경北京, 연태烟台, 위해위威海衛 등을 돌며 독립운동의 돌파구를 마련하려 했다. 그 돌파구는 바로 국내에서의 의열투쟁이었다. 다음은 1924년 9월 11일 연태에서 상해의 김구에게 보낸 서신 내용이다.

> 사랑하여 주시는 선생님
>
> 금반今般 황 선생 편便 하사下賜하여 주신 간단한 수구설數句說을 깊이깊이 주의하오며 또는 결정한 바이올시다. 선생님 너무 모든 것에 대하여 생등

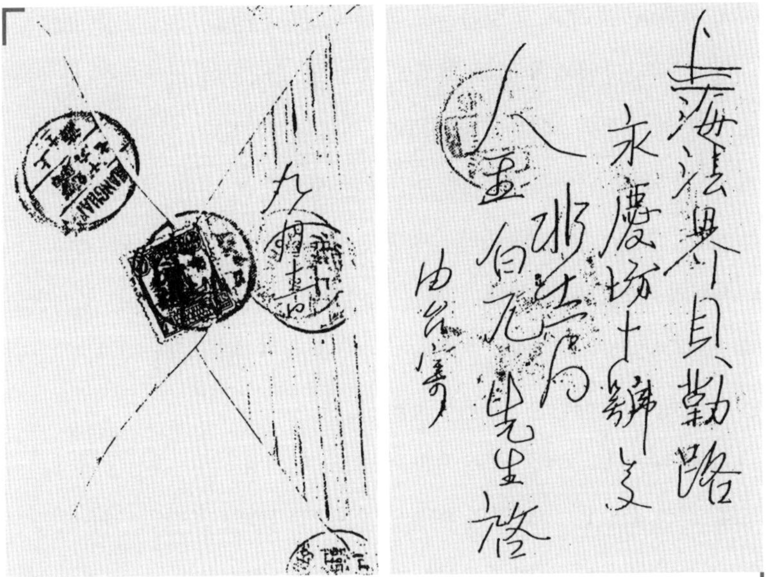

나석주가 김구에게 보낸 편지(1924. 9. 11)

生等으로 하여금 추념推念치 마시옵소서. 이곳서 운동사運動事가 불여의不如意하여 명일은 출발하여 도到 위해중화잔威海中和棧 위계爲計이오니 이차以此 하감下鑑하시옵소서. 황 형黃兄은 분로分路하여 상북경上北京 명일明日 출발하였다가 근간 경봉상약更逢相約하기로 하고 임시사무에 의하여 분별分別하였소이다. 이후 임발臨發 동시에 일차 재고再告하려 하옵고 여餘는 복축伏祝. 선생님 내내 기력수시 안녕하시옵소서.

즉, 연태와 위해위를 오가며 새로운 운동방안을 모색하고 있음을 김구에게 전하고 있다. 그는 서신을 통해 자신의 계획을 지속적으로 김구에게 전했다. 그리고 그 방안은 국내에서 작탄투쟁을 벌이는 것이었다.

동지인 강양원에게 밝힌 것처럼 1924년 중국군에 복무하던 중 상해로 귀환한 이유가 바로 국내 침투와 의열투쟁이었다. 나석주는 이러한 계획을 다물단 단원들과 함께 추진했던 것으로 보인다. 위 편지에 나오는 황 선생이나 황 형은 황해관黃海觀(본명 黃翊秀)이다. 1925년 8월 26일 나석주가 황해관에게 보낸 편지에서 이러한 사실이 확인된다. 황해관을 '황 선생 해관海觀'과 '해관 지형志兄'이라고 표현하고 있다. 편지를 보낸 1924년 당시 황해관은 다물단 단장이었다.

다물단은 1923년경 북경에서 신채호·이회영李會榮·류자명 등의 지도로 결성되었다. 이회영의 아들인 이규학李圭鶴과 조카인 이규준李圭駿이 이들의 지도를 받아 황해관·김종성金鍾聲·어일선魚一善·이지견李志堅 등과 함께 조직하였다. 다물단은 무정부주의 계열 의열투쟁 단체였다. 1925년 4월 북경에 본부를 둔 국민당國民黨과 연합하여 확대 재조직하였다. 국민당은 1923년 상해에서 배천택裵天澤·김동삼金東三·김창숙·신채호·남형우南亨祐 등이 독립군 기지 개척과 직접 무장투쟁을 목적으로 조직한 단체였다.

통합 이후의 다물단은 40여 명의 단원으로 구성되었으며, 친일파 처단, 군자금 모집 등의 활동을 벌였다. 통합 전 다물단의 단장이었던 황해관은 위 서신에서 보듯이 김구의 의견을 전달하는 등 나석주와 뜻을 함께하여 활동하였다. 모종의 임무를 띠고 연태에서 나석주는 위해위, 황해관은 북경으로 각각 이동하고 있는 것이다.

나석주도 다물단에 가입하였을 가능성이 크다. 국내 거사 후 이를 보도한 『신한민보』 1927년 3월 10일자에는 그가 다물단원이었다가 탈퇴했다고 했는데 탈퇴 이유를 알 수 없다. 단원은 아니었더라도 의열투쟁을 목적으로 했던 나석주가 자연스럽게 의열투쟁 조직인 다물단원들과 연계되었을 수도 있다. 일제의 정보보고에 의하면 황해관은 1925년 1월 의열단원들과 연계하여 국내와 일본 동경 등지에서 일제기관 파괴와 암살을 추진하기 위해 상해에서 폭탄을 입수하려고 노력 중이었다. 황해관의 이러한 활동이 나석주의 국내 의열투쟁 계획과 무관하지 않은 것으로 보인다.

1925년 7월 28일 나석주가 북경에서 김구에게 보낸 서신을 보면 그가 국내 의열투쟁 계획을 구체적으로 추진 중이었음을 알 수 있다. 무기까지 준비하고 '본경本京(경성을 말함)'으로 출발하려 하나, 귀국비용 등 거사자금 몇백 원이 마련되지 못하여 이를 기다리고 있었던 것이다.

> …… 상해서 떠난 후 동서로 다니면서 무탈히 지내는 중 경영한 것은 일일一日이라도 속히 본경本京으로 출발하려고 단수개인但數個人과 협력하여 오던바 근간에는 모든 것이 경영대로 되는 듯하옵니다. 소지품은 다 되고 비용 기백 원만 아직 완전히 수중手中에 되지 못하였소이다. 그러하오나 시간이 지나갈 뿐이옵지오, 아니 될리는 만무하옵니다. 속히 되면 일 개월 내외간일 듯하오이다. 선생님이시여 생生은 결정적으로 실행복계實行伏計이오니 이차以此 하감후下鑑後 생이 목적 달達하는 때까지 사랑하여 주시기를 간절히 바라나이다. 연중然中 생이 출발하여 가는 노정은 예산대로 될는지 단언할 수 없사오나 금전만 있으면 연전 내왕하던 처處로도 여의

如意하게 될 듯하오이다. 복탁사伏托事는 이승춘 군이 한테 생의 극비밀한 말을 써서 동봉하여 보내오니 선생님 이군한테 주의시키시와 물론 친근지우親近之友라도 누설하지 말게 하여주시오. 현재 생이 경영지사經營之事에 대하여 아끼는 동지 2인과 선생님 이군 외에는 절대 무無하옵니다.

7월 28일 나석주

그는 이러한 자신의 계획을 가장 신뢰하는 김구와 동지 2명, 그리고 이승춘李承春(이명 이화익)에게만 알렸다. 국내 투탄 의거는 나석주 자신의 독자적인 계획이었던 것 같다. 동지 2명과 김구·이승춘만 알고 있는 계획이라고 하며 비밀유지를 당부하고 있는 것으로 보아 그가 김구의 지시로 국내 투탄 거사를 추진하는 것이 아님을 알 수 있다. 이승춘에게는 동참을 권유하기 위해 계획을 밝힌 것이다.

북경에서 이승춘에게 보낸 서신에 "이곳 동지 2인"이라고 한 것으로 보아 동지 2인은 북경에서 활동하던 다물단이나 의열단 소속 인물이었을 것이다. 동지 2인이 누구인지는 알 수 없으나, 한 명은 다물단의 황해관이었을 가능성이 크다. 자금과 무기 확보 등을 위해 최소한의 동지들과 연계가 필요했을 것이다. 특히 황해관과는 긴밀하게 협의하고 있었다. 동년 8월 26일자로 황해관에게 보낸 서신에서 귀국 선박 예약 사실을 전하면서 자금 지원을 간곡하게 요청하고 있다.

한편 그는 의열단 동지인 이승춘에게 거사계획을 전하면서 함께 참여할 것을 간곡히 권유했다. 황해도 장연 출신의 이승춘은 나석주보다 나이가 적었으나 국내에서 군자금을 모집하다가 중국으로 망명하여 의열

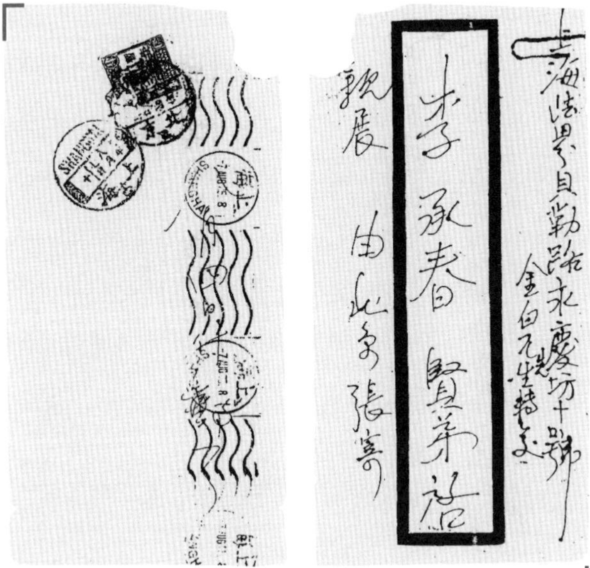

나석주가 이승춘에게 보낸 편지(1925. 7. 28)

단에 가입했다. 나석주와는 의형제라고 불릴 만큼 가까운 사이였다. 이승춘은 장덕진 등과 함께 중국도박장을 습격했다가 중국 경찰에 체포되어 1년간 고초를 겪다가 1925년 7월 중순 중국 감옥에서 막 방면된 상태였다. 7월 28일 김구에게 보낸 앞의 서신에 동봉하여 유사한 내용으로 이승춘에게 다음과 같은 서신을 보냈다.

…… 군이여 우형愚兄은 상해서 출발한 후 4개월 동안에 모모 동지 수인을 상봉하여 협의한 사는 우형이 작정코 본경本京 방면으로 출발하려고 운동한 결과에 저간 소지물품은 다 유감없이 구득求得하였고 당當 미비한 것은

비용금費用金 기백 원이온대 아직 수중에 되지는 못하였사오나 1개월 내 외간은 역시 될 터이올시다. 군이여 우형이 바라는 것은 ○○ 즉 동반同伴 희망하는 바이로세. …… 소지물은 양인兩人이라도 가당可當한데 비용문제가 되나 양洋 2백 5십 원은 준비될 터인즉 역시 2인이라도 될 듯하오이다. 이것은 우형 개인의 의사뿐이고 동지와는 아직 상론치 아니 하였소이다. 우리는 개인 기인幾人이 협력한 결과이올시다. 출발노정은 우형 예정하기를 비용만 되면 예전 내왕하던 해처該處로 가서 다일多日 견기형편見機形便하여 운동지계運動之計이온즉 된다고는 단언할 수는 무無하오이다. 경탁更托할 필요는 무하오나 우형 계획지사는 이곳 동지 2인과 백범 여與 군 외에는 절대로 무하오니 이차 하량

상해를 떠난 지 4개월이 지났다고 한 것으로 보아 1925년 3월경부터 상해를 떠나 경성으로 잠입할 것을 계획하고 이를 추진한 것 같다. 그는 이승춘에게 무기가 준비되었으니 함께 국내로 침투하여 거사를 벌이자고 권유했다. 귀국 방법은 예전에 왕래하던 곳으로 가서 형편을 보아 추진한다는 것이었다. 그가 준비한 무기는 권총과 폭탄(파괴탄) 3개였다. 그 외에 투탄 5~6개도 마련되었던 것 같다.

1925년 8월 4일 연태에서 이승춘에게 보낸 서신에는 이미 폭파 대상 기관까지 지목하고 있었다. 그는 투탄 대상 기관으로 조선총독부와 동척, 조선식산은행, 조선은행의 네 곳을 지적했다. 의열단의 5대 파괴 대상에 조선총독부와 동척은 포함되어 있으나 식산은행과 조선은행은 직접 언급되지 않고 있었다. 그런데 그는 조선총독부가 일본 정치의 중심

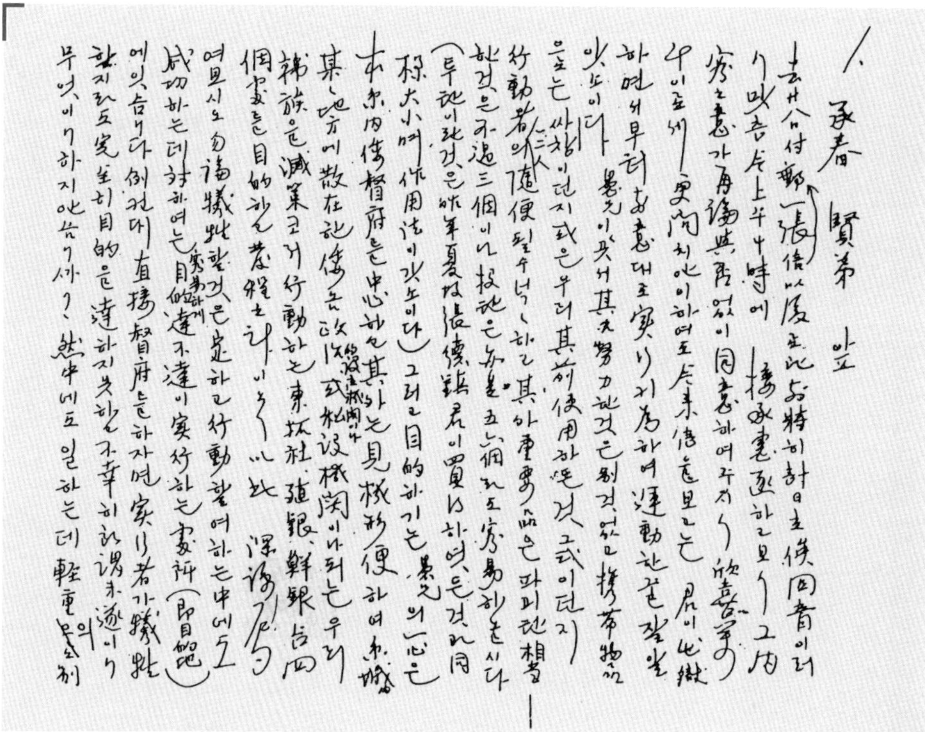

나석주가 이승춘에게 보낸 편지(1925. 8. 4)

기관이며, 동척·식산은행·조선은행은 우리 민족을 멸망시키는 기관이라는 이유로 이 네 곳을 파괴 대상으로 지적하고 있다. 그중에서도 동척·식산은행·조선은행을 주목했다. 조선총독부는 경비가 삼엄한 관계로 희생만 생길 뿐 미수에 그칠 수 있다는 것이다. 반면 동척·식산은행·조선은행의 경우는 첫째 미수에 그칠 리가 없으며, 둘째 업무 특성상 진열식으로 앉아서 사무를 보기 때문에 폭탄 1~2개로 최소 10인 이상 사상시킬 수 있다는 것이다. 그리고 단독으로 실행할 경우에는 동척과 식산은행이 적당하다고 보았다. 동척과 식산은행이 황금정 사거리의 3층 양옥으로 서로 가까운 거리에 위치하고 있기 때문에 한 사람이 연이어 거사를 실행할 수 있다는 이유를 들고 있다. 실제로 동척은 황금정 2정목(지금의 을지로 2가), 식산은행은 남대문통 2정목(지금의 남대문로 2가)에 있었다. 동척과 식산은행을 파괴대상으로 삼은 데는 그의 고향 재령평야가 동척과 일본인의 소유로 변한 데 따른 통분이 가슴 밑바닥에 깔려 있기도 했을 것이다. 그는 중국에 있으면서도 재령평야에 3년 동안 흉년이 들어 상황이 매우 어렵다는 소식을 잘 알고 있었고, 일제의 침략상도 뼈저리게 느끼고 있었다.

> 군이 출옥하면서부터 전의前意대로 실행키 위하여 운동한 줄 잘 알았소이다. 우형愚兄 이곳서 그간 노력한 것은 별 것 없고 휴대물품으로는 싸창이던지 혹은 우리 그전 사용하던 것 그 식이던지 행동자 1~2인의 수편隨便될 수 넉넉하고 그 외 중요품은 파괴탄 상당한 것은 불과 3개이나 투탄은 역시 5~6개라도 용이하올시다. (투탄이란 것은 작년 하夏 고 장덕진 군이 매수買收하였든 것과 동양同樣 대소大小며 작용법이 같소이다) 그리고 목적하기는 우형의 일심一心은 본경 내本京內 왜 독부督府를 중심하고 그 외는 견기형편見機形便하여 경성 내 모모지방에 산재한 왜놈 정치적 설립기관이나 혹 사설기관이나 되는 우리 한족韓族을 멸책滅策코저 행동하는 동척사東拓社·식은殖銀·선은점鮮銀店 4개처를 목적하고 발정지계發程之計이오니 이차以此 심량深諒

여보시오. 물론 희생할 것은 정하고 행동하려 하는 중에도 성공하는 데 대하여는 용이하게 목적 달부달達不達이 실행하는 처소處所(즉 목적지)에 있습니다. 예컨대 직접 독부督府를 하자면 실행자가 희생할지라도 완전히 목적을 달하지 못하고 불행히 소위 미수이니 무엇이니 하지 않습니까? 연중然中에도 일하는데 경중輕重의 별別이라고 할른지는 부지이오나 동척, 양은兩銀 같은 데 착수하면 미수란 문제는 결코 발생되지 않을 것으로 자신뿐 외外라 증명합니다. 실행 후 여하한 방면으로 선전宣傳이야 어떻게 되든지 물론하고 일상 말하는 바와 같이 몸값을 논하더래도 동척이나 양은 같은 데는 무려히 10인 이상 사상死傷시킬 수 있습니다. 하고何故로 하면 생각하여 보시오. 상해 교통은행과 대개 같은 형식인 까닭입니다. 하층에 진열식으로 앉아 사무 보는 당중當中에다 받아라 하고 두 개만 선사하면 외상外上 없을 것 아니오니까? 이상과 같이 말하면 주중主中 삼는 것이 우 삼처三處로 생각할 수 있겠소만은 주중하기는 독부督府로 결정하고 출발 후 도착하여 실행자의 마음대로 하는 것이 별무관계일 듯하오. 그런데 동척과 식산은행 양처는 1인이라도 동시에 능히 착수할 수 있습니다. 양처는 거리가 불원不遠한 까닭입니다. 양처지지兩處址地는 본 경성 중앙쯤인데 황금정 네거리 삼층양옥입니다.

이렇듯 거사계획을 세웠으나, 귀국하려면 배편을 준비해야 했다. 위해위와 이도, 이석도 등을 탐방하며 귀국선을 물색해야 하는데 이에 필요한 운동자금이 부족하여 실행에 옮기지 못하고 있었다. 먼저 승선 장소에 가서 대기하다가 북경과 천진의 동지들이 자금을 마련하여 합류하는 방안도 고려하고 있었다.

> 우형은 기십원幾拾元 휴대하고서 먼저 위해위威海衛를 잠과暫過하여 이도伊島 이석도貳石島 방면으로 가서 완완緩緩히 1~2개월 위한爲限 하고 심지어 촌락포구까지 찾아다니면서 승선乘船운동하는 것이 당연한 데 지이불행知而不行인 원인은 금전이 그렇게 선후先後로 허락지 않습니다. …… 그런데 근간에 약간 금전이 되면 위선爲先 우형은 공수空手로 승선지대乘船地帶까지 가서 되도록 운동하며 일면으로 북경 천진 간 동지同志에게 통신만 하면 후시後時에 동지가 금전과 소지물품을 완전 휴대하고 추도승선지追到乘船地하기로 상약相約하는 중이올시다.

1925년 8월 12일 자로 연태에서 상해의 이승춘에게 보낸 서신에는 거사를 위해 귀국 배편을 구하기 위한 그의 노력이 잘 나타나 있다. 걸어서라도 이도, 석도까지 가서 배편을 구해보겠다는 그의 결의가 눈물겹다. 간신히 구한 여비도 분실하여 그의 안타까움은 더욱 컸다.

> …… 사무에 의하여 이곳(연태)서 통신하며 운동비 오는 때까지 유하며 기다리는 수밖에 없소이다. 연즉然則 위해威海로 회답하여달라고 천진天津서 통신한 것은 중지하고 이곳 기일幾日이던지 유留하며 만만적으로 운동비 오는 날까지 되던지 아니되던지 고일척선雇一隻船하여 보갔소이다. 만약 이곳 불능 고선雇船이면 동일한 이정里程이고보니 위해 과차過次하기도 불편한 즉 직행 석도포石島浦로 가서 운동하려 하나이다. 불행히 석도서도

안 되면 해시該時에는 타던지 혹 도보徒步로 던지 이도포伊島浦까지 가서 극력 구하여 보다가 틀리면 다시 도到 위해하여 …… 그러나 운동비가 불행히 부족한데다 실패까지 되어서 여차 번민 번민하지 운동비가 다소의 족足하다 하면 시간이 좀 예정과 틀릴지는 부지不知이오나 전혀 실패되지는 아니할 자신이 있소이다. …… 상해 황黃 선생에게도 모든 사실을 통신하오니 그리 아시고 …… 여비만 다소의 휴대한 것이 유하오면 도보라도 역시 이곳서 출발하여 석도 방면으로 가 보겠는데 불행인지 다행될런지는 모르오나 간신히 구하여 가지고 오던 여비는 중로中路에서 분실하고 여시如是 중로에서 우연히 지체되게 되오니 심위 자괴

나석주의 의열투쟁 합류 요청에 대해 이승춘은 조금 다른 생각을 가지고 있었던 것 같다. 즉, 개인의 희생을 동반한 개별적인 의열투쟁보다 대중의 조직체에 기반을 둔 운동으로 전환해야 하며 이를 위해 대조직체 결성이 필요하다고 본 것이다. 이는 이승춘뿐 아니라 의열단 본부 핵심인사들의 생각이기도 했다. 앞서 살펴본 바와 같이 1925년에 들어와 농민·노동자·청년 대중의 조직화와 체계적인 의식화가 실질적인 효과를 낳을 대안으로 부각되었고, 의열단 본부는 암살파괴 거사가 대중 일반을 각성시켜 일제 봉기의 격발제가 될 가능성이 거의 없는 것으로 판단했다. 결국 의열단 지도부는 암살파괴운동이 이제는 유효적절한 노선이 되지 못함을 인정하고, 대중투쟁과 군사운동의 결합을 향후의 대안적 노선으로 설정했다. 의열단은 1925년 8월에 본부를 남중국의 광주廣州로 옮긴 후, 김원봉을 비롯한 핵심단원들이 황포군관학교에 입학했다.

이와 같은 이승춘과 의열단 지도부의 노선 전환에 대해 나석주의 생각은 달랐다. 나석주는 이승춘이 주장한 '대조직체' 결성이 현실적으로 쉽지 않은 이상론이라고 보았다. 말로만 '애국'이니 '민족'이니 하면서 아무것도 하지 못하고 마는 독립운동계의 현상을 비판하면서, 그는 차라리 목숨을 던지는 의열투쟁이 민족을 위하는 길이라고 믿었다. 독립운동가에게는 '자기가 의사義士가 될 용기'가 필요하다는 것이 그의 신념이었다. 그가 몸을 던져 자신의 희생을 감수하는 투탄 의거를 추진했던 것도 이 때문이었다. 1925년 8월 25일 이승춘에게 보낸 답장에서 그는 다음과 같이 자신의 생각을 전하고 있다.

> …… 우형은 덮어놓고 덤비는 판도 아니요 세상에서 잘 살거나 못살거나 물론하고 34세를 일평생으로 정하는 때에 무슨 생각인들 아니하여 보았겠소? …… 군의 서신을 보오면 우형은 요령불급이올시다. 교시 중 지금 우리 운동현상에 재在하여 제일급무가 일개인一介人 일개인이 ○○○○하는 것보다 순결한 이성의 지도를 받는 이만한 사람으로 성형成形한 튼튼한 조직체를 만드는 것인 줄 아나이다 하여놓고는 지금 우리 형편으로 1~2년 안에 대조직을 성형하기는 도저히 불가능한 것인 즉 하고 또는 극난우난極難尤難 운云 이오니 우형은 도시 이해치 못하고 여시如是 회고回告합니다. 여보시오 군이시여 우형은 이렇게 생각하였소이다. 조금도 양심에 의심 없이 고하려 합니다. 지사의 말들과 같이 민족 민족 위하느니 또 무엇을 위하느니 하는 것보다 중국 와서 동주서주東走西走하다가 무심하게 기아飢餓 아니면 한사寒死하노니 차라리 본국에나 가서 크게 바라지 않고

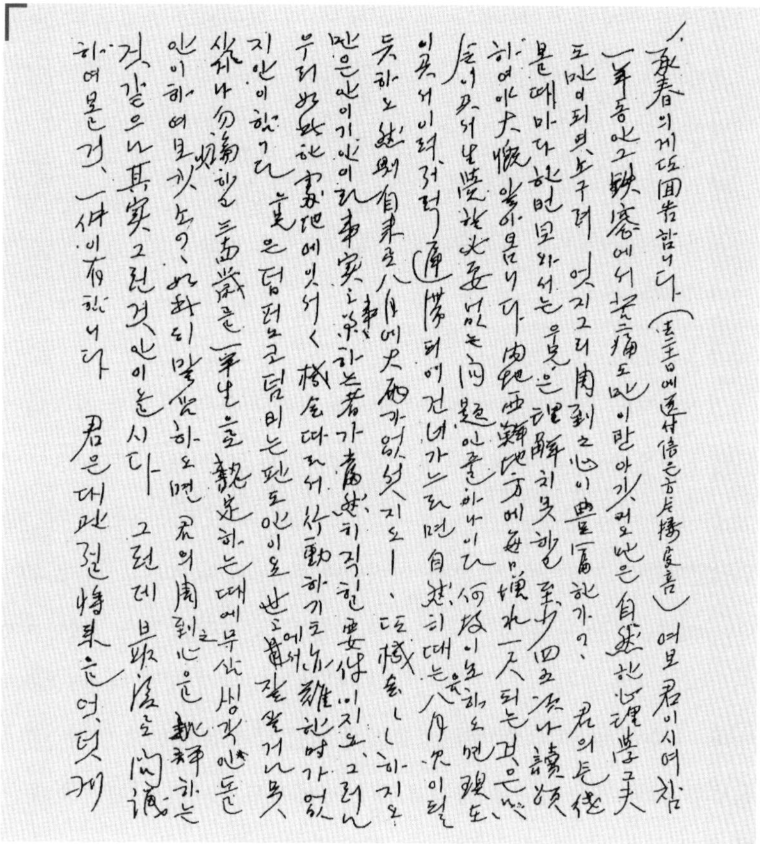

나석주가 이승춘에게 보낸 편지(1925. 8. 25)

몸값이나 하고 죽을까 하나이다. 여차히 죽기를 힘쓰는 동시에 천우신조하여 우형의 몸값보다 더 나가게 잘 일이 되면 우형도 유감없고 일반 동지들도 좀 좋아할까 하나이다. 우형의 우둔한 마음에는 이러하오. 과거이나 현재이나 개인이던지 단체이던지 한번 착수하면 세계 이목을 놀래이고 따라서 자기가 의사될 용기가 무엇보다도 표준된 것이 혹유或有한 줄 아나이다. …… 최후로 한마디 우견일지라도 신탁信託할 것은 너무 이상만 발휘하지 마시오. 어리석은 자의 수작이지만은 생각에 생각을 자꾸 가하고 보면 오히려 방해될 때도 불무不無합니다. 순결한 이성의 지도를 받는 이만한 사람으로 대조직체를 형성한다 하면 독립운동하는 방략은 여하여하한가?

그러나 자금 부족으로 인해 1925년의 거사 추진은 더 이상 진척되지 못했다. 8월 26일자 황해관에게 보낸 서신에서 "어찌된 사무이오니까? 상금미도尙今未到 상해운上海云이오니 중로中路에서 하기다사부何其多事否 심위답답甚爲沓沓 …… 제弟가 혼자 극비밀하게 모 상점주인 교섭하였소이다. 교섭한 결과 무려無慮히 고선雇船하기로 언정言定하고 현재 고선사雇船事에 대하여는 방심放心하고 지냅니다. 하시何時일는지 형님 나전도차拿錢到此하여 수일기대數日企待이면 잘 출발케 되갔소"라고 전하고 있다. 국내 침투를 위해 귀국 배편을 약정했으나, 상해에서 보내기로 했던 황해관의 자금이 도착하지 않아 애태우고 있었던 것이다.

황해관은 동년 7월 다물단의 이우민李愚民에게서 여비 50원을 지원받아 9월 중순 국내로 잠입, 경기도 안성安城에서 군자금 500원을 모집하여 12월 말 무사히 중국으로 돌아왔다. 그러나 이러한 자금이 나석주에게 전달되지는 못했던 것 같다.

결국 나석주의 국내 거사계획은 중지되고 말았다. 나석주는 매우 답답한 마음이었다. 1926년 5월 과거 국내에서의 동지였던 최호준에게 보낸 편지에 고향을 떠난 지 6년이 되었지만 이룬 것이 없다고 한탄하고 있는 데서 이러한 그의 마음을 읽을 수 있다.

> 호준皓俊 현제賢弟 대감大鑑
>
> 지난 음력 2월 ○일에 발신한 군의 편지를 접하여 볼 때 흉중에 희비가 교차하였음을 어찌 다 기록 하오릿가. 반갑소이다. 반갑소이다. 우형愚兄은 고향을 떠난 지 6개 성상에 공연히 동서로 분주하면서 아무 성공이 없이 지내왔으니 제1은 (삭제됨) 제2는 가족에 대한 죄인 줄을 지실知悉하였으나 사회 환경이 불허하는데야 어찌하리오.
>
> 그러나 하소연할 곳도 바이 없소 그려. 어찌하였든 나의 (삭제됨)는 그대로 보전하여 있나이다. 각 설하고, 군의 대소 각댁이 모두 안녕하신지 원문이오며 (삭제됨)는 5년 전에 헤어진 이래로 풍문에 의하니 노령에서 공산당으로 행세를 한다든가요? 더 할 말 없기에 이만 그칩니다.
>
> 5월 ○일 우형 나석주 서

김창숙의 국내 군자금 모집과 두 사람의 만남

당시의 독립운동계를 보면 임시정부가 펼친 외교활동이 한계를 드러내면서 주춤했고, 만주지역을 중심으로 펼치던 독립전쟁은 봉오동 청산리 전투를 고비로 크게 약화되었다. 즉 제1차 세계대전의 마무리라는 국제 정세의 변화를 독립의 기회로 이용하려던 시도도, 일본군과의 전쟁을 통한 독립 달성도 모두 일단 좌절되었다.

김창숙

결국, 장기적이고 근본적인 방략을 세워야 했다. 그런 요구가 바로 독립전쟁 준비 방략의 추진으로 나타났다. 이 방략의 기본 방향이 독립전쟁인데, 두 가지 전제조건이 충족되어야 했다. 하나는 전쟁을 수행할 수 있을 만큼 군사력을 양성하고 전쟁비용을 준비해야 했다. 다른 하나는 전쟁을 펼칠 만한 국제정세가 만들어져야 했다. 이 두 가지 전제조건을 헤아려 장기적인 준비에 들어간 것이 바로 '독립전쟁 준비 방략'이었다.

이를 추진하려는 근본 이유는 당시 국제정세가 전쟁을 종결시키고 안정기에 접어든 데 있었다. 제1차 세계대전이 자본주의 열강들의 시장분배에 대한 재편 요구로 터진 것이고, 그 전쟁이 일단 수습되면서 프랑스 파리에서 열린 강화회의는 베르사유체제를 만들어냈다. 즉, 국제적으로 자본주의 열강의 안정기에 접어든 시기였다. 곧이어 열린 워싱턴회의도 결국 이 체제를 유지하기 위한 뒷마무리 수순에 지나지 않았다. 그 때문에 당분간 독립전쟁을 펼칠 기회 자체가 없을 것이라는 판단이 선 것이고, 그래서 장차 국제전을 예상하면서 장기적인 전쟁 준비를 갖춰나가는 전략을 채택하게 된 것이다.

이러한 전략에서 추진된 것이 김창숙의 이른바 '제2차 유림단 의거'였다. 제2차 유림단 의거가 추진된 것은 1925년 봄이었다. 김창숙은 북경에서 이회영을 만나 독립운동 방략을 논의했고, 그 결과 장기적인 전략을 채택했다. 그는 독립운동의 성공이 경제문제 해결에 달렸다고 판단하고, 장기적이고 적극적인 방향 설정이 필요하다고 결론지었다. 이에 따라 자금을 모으고 독립군을 양성할 군사기지를 건설할 계획을 수립했다.

김창숙은 이를 위해 중국 군벌인 장작림의 부하 이몽경과 풍옥상의 부하 서겸 등 중국의 실력자와 협의했다. 그 결과 서겸이 내몽고 지역인 수원綏遠과 포두包頭의 3만 정보에 달하는 개간이 가능한 지역이 적당한 곳이라고 권유해왔다. 김창숙은 내몽고지역에 군사기지를 건설한다고 낙점하고 계획을 추진했다.

당시 한인 독립운동가들은 중국 군벌 간의 상호 경쟁이라는 중국 측의 형세를 활용하여 독립군을 양성할 근거지를 확보하려 했고, 역으로 중국 각 정치세력은 근거지 제공이라는 미끼를 주어 한인들의 협조를 얻으려 했다. 이때 내몽고지역이 유력하게 거론되곤 했는데, 내몽고는 만주에 비해 안전해서 한인들이 선호했다. 오랫동안 러시아와 간도를 비롯한 만주가 유력한 독립운동 기지였다. 그러나 1922년 말 일본군의 시베리아 철수에 즈음하여 소련 당국은 한인들이 자국 내에서 무장 독립투쟁을 전개하는 것을 꺼렸고 만주의 봉천계奉天系 군벌은 일제와 협조관계를 구축하고 있었다. 반면 내몽고에 세력기반을 가지고 있던 풍옥상의 군벌은 반일적이었다. 그 때문에 풍옥상의 협조를 얻을 수 있었다.

군사기지 건설을 위한 자금 모집 대상은 영남지역의 유림계였다. 이를 위해 김창숙은 우선 상해에서 동지들을 규합했다. 송영호·이봉로·김화식 등이 참여했고, 여러 차례의 회의 결과 자금 모집안을 구체화했다. 자금 모집 범위를 「파리장서」 서명자 130명으로 정하고, 목표 금액을 20만 원으로 설정했다. 회의 과정에서 구입 대상 토지도 변경되었다. 북경 근교에 있는 석경산石景山 주변의 미간지를 구입 대상으로 확정지었다. 이 땅이 북경과 가까워 교통이 편리하고 독립운동에도 유리하며, 비교적 값이 싸서 20만 원 정도의 금액으로 구입이 가능하다는 것이 이유였다.

마침내 김창숙은 1925년 6월 말(음력 5월 초순) 송영호를 먼저 국내로 투입했다. 이어 자신도 서울로 잠입하고 김화식과 송영호가 합류하여 거사 주역이 서울에 집결했다. 송영호는 자신의 토지를 매각하여 모두 4회에 걸쳐 500원을 마련하여 김창숙에게 송금했고, 10월 하순에 다시 300원을 김창숙에게 전달했다. 사돈인 이재락도 김창숙에게 200원을 지원했다. 그러나 자금모집 성과가 기대했던 것만큼 진척을 보이지 못했다. 이에 김창숙은 10월 하순 낙원동 자신의 숙소에서 김화식·송영호 등 동지들과 자금모집을 목적으로 신건동맹단新建同盟團을 조직했다.

김창숙은 12월 말 직접 대구로 내려가 활동무대를 경상남북도 각지로 확대했다. 그러나 신건동맹단을 통한 자금모집도 뜻대로 되지 않았다. 이에 더해 1926년 1월 김창숙이 자동차 사고로 허리를 크게 다치는 사고가 일어났다. 설상가상으로 일본 경찰의 추적이 시작되었다. 김창숙은 마침내 국내 자금모집 활동을 정리하기로 작정했다. 3월 3일 범어사에서 손후익·정수기·이재락 등과 모여 마지막 회의를 했다. 그리고 그동안 모금된 자금 3,350원을 중국으로 운반할 인물로 김창탁을 선정했다. 그 자금으로 의열단원을 다시 국내에 파견하여 적 기관을 파괴하고 비협조적인 친일 부호들을 응징하겠다고 결의를 굳혔다. 김창숙은

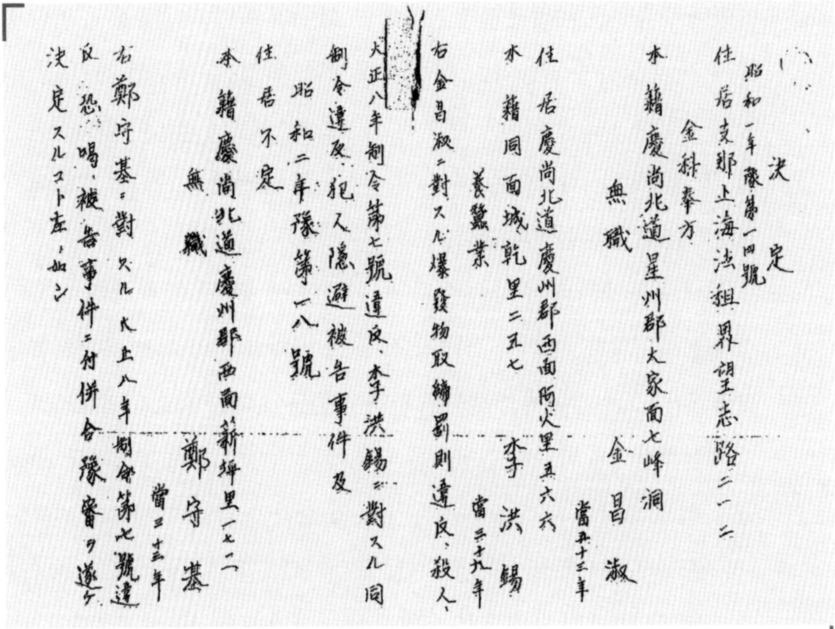

決定

昭和[illegible]年豫第一四號

住居 支那上海法租界望志路二一二

金科奉方

本籍 慶尚北道星州郡大家面七峰洞

無職 金昌淑

當[illegible]年

住居 慶尚北道慶州郡西面阿火里五六六

本籍 同面乾里二五七 李洪錫

養蠶業 當三十九年

右金昌淑ニ對スル爆發物取締罰則違反、殺人、

大正八年制令第七號違反、李洪錫ニ對スル同

制令違反、犯人隱避被告事件及

昭和二年豫第一八號

住居不定

本籍 慶尚北道慶州郡西面新坪里一七二

無職 鄭守基

當[illegible]年

右鄭守基ニ對スル大正八年制令第七號違

反、恐喝、被告事件ニ付併合豫審ヲ遂ケ

決定スルコト左ノ如シ

김창숙 등 예심종결결정서(대구지방법원 예심과, 1928. 8. 6)

그 비장한 심정을 다음과 같이 털어놓았다.

> 전후 8개월 동안 북을 쳐도 일어나지 않고 지금 왜경이 사방으로 흩어져 수사한다고 하니 일이 이미 실패 …… 서겸을 만날 면목도 없고 …… 이 돈을 의열단 결사대 손에 직접 전해주어 왜정의 각 기관을 파괴하고 친일 부자를 박멸하여 국내 민의를 고무할 것

3월 24일 김창숙은 서울에서 송영호와 김화식을 만나 장래의 계획을

밝혔다. "숙련된 의열단원과 제휴하여 다수의 폭탄과 권총을 구입함으로써 자금 모집에 불응하는 진주의 하재화·하영진, 대구의 장길상, 춘양의 권상경 등을 암살하여 부호의 심담을 빼앗는 데 힘써야 한다"는 것이 그 골자였다. 김창숙은 26일 열차 편으로 봉천에 도착하여 그곳에서 김창탁을 만나 돈을 인수했다.

상해로 돌아온 후 김창숙은 김구·이동녕 등 동지들에게 국내 활동의 결과를 설명했다. 이어서 국내의 적 기관 파괴와 친일 부호 응징계획을 피력했다. 그런데 이에 대해서는 관련 기록들에 대한 검토가 필요하다.

예심결정서에 따르면 김창숙은 국내에서 단시일 내에 독립자금 20만 원을 쉽게 모금할 수 있으리라는 당초의 생각과 달리 수개월이 지나도 1만 원도 거두지 못하자 통상 수단으로는 목표 달성이 어렵다고 깨달았다. 그래서 1926년 음력 2월 23일경 범어사에 모인 김창숙·손후익·이재락 등은 모금된 자금 중에서 3,500원을 의열단에게 건네 의열단으로 하여금 조선에 잠입해 자금 제공을 거부하는 부호를 암살하여 일반 민심을 위협해 "자금모집 목적을 용이하게" 하려고 계획했다. 손후익의 진술에 의하면 "이 협의에서 김창숙이 말하기를, 현재 상태로는 당초 목표인 20만 원을 모집할 가망이 없으니 빨리 중국으로 돌아가서 제2차 계획에 옮기지 않으면 안 된다고 했다. 그리고 이번 계획에서 거두어진 비용으로 폭탄과 권총을 대량으로 조선에 반입하여 직접적인 행동에 나설 것이며, 그것은 숙련된 의열단으로 하여금 가장 미워하는 하재화·하영진·권상경·정모 등 4명을 살해케 하고 민심의 교란을 꾀하는 한편 그 기회를 이용하여 자금을 모집하면 일거에 쉽사리 목적을 달성할 수 있을 것이라고 했다"라고 한다.

이에 따라 김창숙은 1926년 봄 중국 상해에서 의열단원 류자명·한봉근韓鳳根에게 자금 제공을 거부하는 부호들의 암살을 의뢰했다. 의열단 측에서는 이를 수락하고 암살 실행자를 상해로 부르기로 하여 당시 광동에 있는 동 단원에게 그런 뜻을 정하는 통신을 했다. 당시 의열단 본부는 광동에 있었다.

그런데 김창숙은 모금 활동이 발각되어 국내의 송영호·김화식 등 동지들이 계속 검거되고 있다는 사실을 북경의 이봉로에게서 보고받고 그 계획을 일단 중지시켰다. 1926년 3월(음력) 중순 김창숙은 상해에서 류자명 및 한봉근과 만나 "동인 등 의열단원은 자금 결핍으로 말미암아 그 목적하는 바인 암살 폭파에 착수하지 못하고 있음을 알고 전기 기획을 중지하는 대신, 가지고 온 자금을 주어 의열단 본래의 목적 수행을 원조하여 조선 독립의 공통목적을 달성케 하리라 결의"했다고 한다.

즉, 국내에서 중국 상해로 올 당시만 해도 의열단을 파견하여 친일 부호를 응징함으로써 군자금 모집을 용이하게 할 의도였다. 이를 위해 의열단원인 류자명 등에게 암살 실행자를 물색해달라고 의뢰했다는 것이다. 그러나 국내의 동지들이 체포되자 이를 중지하고 의열단의 본래 목표인 일제 기관 파괴와 고관 처단에 자금을 지원하게 되었다는 것이다.

반면 광복 이후에 간행된 김창숙의 회고기에 의하면 김창숙이 나석주를 만나게 되는 경위가 다음과 같이 기록되어 있다.

석오(이동녕)·백범·김두봉·류자명·정세호 등 여러 분이 달려와 맞이해서 위로하였다. 나는 석오와 백범에게 조용히 국내의 정세를 설명하고 "인심이 이미 죽었으니 만약 비상수단을 써서 진작시키지 않으면 우리들 해외에 있는 사람들도 또한 장차 돌아갈 곳이 없이 궁박하게 됨을 면치 못할 것이오. 지금 내가 약간 가지고 온 자금으로 대규모 사업을 착수하기는 실로 어렵습니다. 청년 결사대들에게 자금을 주어 무기를 가지고 국내로 들어가서 왜정기관을 파괴하고 친일부호를 박멸하여 한번 국민의 의기를 고취시켜봅시다. 그런 연후에 다시 국내와 연락을 취하면 되겠지요" 하였더니 두 분이 모두 좋다고 하였다.

이때 백범은 "나와 친한 결사대원으로 나석주·이승춘 같은 용감한 청년이 지금 천진에 있고, 의열단원도 그곳에 많이 거주하고 있으니 당신은 류자명과 상의하여 먼저 무기를 구입해 가지고 천진으로 가서 기회를 보아 실행하는 것이 좋겠소"라고 말하면서 즉시 류자명을 오게 해서 의향을 물었더니 그도 명령대로 따르겠다고 하였다. 곧 무기를 구입할 자금을 류자명에게 주었다. …… 서울에서 온 신문을 보았더니 경북경찰부에서 전국 유림인사 …… 6백여 명을 검거하였다고 대서특필하였는데 모두 나의 모금운동이 탄로 난 때문이었다. 류자명에게 부탁하여 의열단원 중 일을 부탁할 인물을 찾았더니 한봉근 등 몇 사람을 데리고 함께 왔다.

회고에 따르면 김창숙이 이동녕·김구와 국내 의열투쟁을 상의한 결과 김구가 나석주와 이승춘을 추천했다고 한다. 반면 재판기록인 예심종결서에는 김구와의 관련성이 전혀 언급되지 않고, 의열단원인 류자명과 상의한 후 의열단에 자금을 지원하기로 했다고 밝히고 있다. 이는 김창숙이 재판 당시 김구와의 관련성을 의도적으로 배제했을 개연성이 크다.

김구가 나석주를 추천한 것은 한말 황해도에서 교육 활동을 할 당시부터 그의 인간 됨됨이뿐 아니라 의열투쟁에 대한 열망을 잘 알고 있었기 때문일 것이다. 앞서 살펴보았듯이 나석주는 1924~1925년 북경·연태 등지에서 국내 일제 기관 파괴의 의열투쟁을 준비하면서 계속 김구와 연락하고 있었다. 이승춘도 의열단원으로서 1924년 중국도박장 습격 활동 중 중국 경찰에 체포되어 1년 동안 고초를 겪다가 1925년 7월에 무죄로 방면된 지 그리 오래되지 않은 상태였다.

상해에서 의열단원 류자명과 한봉근을 만난 김창숙은 국내에서의 의열투쟁을 위해 권총구입비로 400원을 지급했다. 한봉근은 권총 7정과 실탄 490발을 구입하여 정세호에게 맡겼다. 폭탄은 신채호가 보관하던 것을 사용하기로 하였다.

1926년 음력 4월 초순경 김창숙은 류자명과 함께 천진으로 가 프랑스 조계의 한 여관에서 나석주를 만나 거사를 논의하며 폭탄 3개를 건네주었다. 그 상황을 김창숙은 후일 다음과 같이 술회했다.

> 이에 천진으로 가서 나석주·이승춘 등을 만나 백범의 소개 편지와 계획안을 내 보였더니 모두 비분강개하여 팔뚝에 힘을 주면서 "우리들은 한번 죽기로 진작 결심하였으니 어찌 즐겨 가지 않겠습니까" 한다. 나는 드디어 가지고 온 무기와 행동자금을 나석주 등에게 주면서 "제군의 義에 용감함은 후일 독립사에 빛나게 될 것이니 힘써주오" 하고 당부하였다.

니다. 나는 장차 여장을 꾸려서 밖으로 나가 해외 동지들과 함께 재기할 방법을 모색할 것이오. 지금 내가 가지고 나가는 자금으로는 황무지 개간사업을 거론하기도 만번 어려울 것이니, 서겹을 다시 만날 면목이 없오이다. 출국하는대로 당장 이 돈을 의열단 결사대의 손에 직접 넘겨주어 왜정 각 기관을 파괴하고 친일 부호들을 박멸하여 우리 국민들의 기운을 고무시킬 작정이오. 국내에 계신 동지 여러분이 만약 그 기회를 잡아 일제히 일어나면 누가 감히 혁명가의 호령에 응하지 않겠읍니까?"

모두들 찬동하였다.

이어 송영우와 김화식에게 당부 하였다.

"자네들이 나와 함께 들어 왔다가 같이 나가지 못하니 매우 섭섭하네. 앞으로 국내에 남아서 수습하는 책임은 자네들이 아니고 맡을 사람이 있겠는가? 이 자리에 있는 여러분과 수시로 연락해서 큰 공을 세워주기 바라네."

羅錫疇義士

3월 15일, 부산에서 밤차를 타고 삼랑진에 와서 김창탁을 만나 함께 상경했다. 그 다음날 무사히 압록강을 건너 안동현을 거쳐 봉천에 도착하게 되었다. 봉천은 일본의 세력권 내여서 위험하니 오래 머물러 있기 어려워 창탁과 함께 이틀밤을 자고 헤어졌다. 바로 황고둔(黃姑屯)에서 기차에 올라 산해관(山海關)으로 향하였다. 그 무렵 장작림(張作霖)[21]이 풍옥상(馮玉祥)과 전쟁을 시작하여 산해관 이서(以西) 철도가 불통이 되었다. 그날 기차에 가득찬 사람은 모두 군인이고 일반 승객은 전혀 없었다.

그 군인들과 한담을 주고 받는데 한 장교가 내게 묻기를 "당신은 한국 사람이 아니오?" 하기에 그렇다고 하였더니 그는 "당신은 어쩌려고 험난을 무릅쓰고 이런 전쟁이 벌어진 지역으로 들어가시오?"하고 다시 물었다.

"병든 자식을 보기 위해 지금 북경으로 가는 길이오."

내 대답에 그는 산해관에서 길이 언제 트일지 모르는데 곤란하겠다고 말했다.

21) 중국 근대의 북방 군벌.

김창숙 자서전 일부

나석주는 1925년 김창숙이 국내로 떠나던 무렵에 이미 국내 잠입과 의열투쟁의 구체적인 계획을 수립하고, 이를 실천에 옮기려는 단계에 있었다. 그러나 당시에는 자금 부족으로 뜻을 이루지 못했다. 이러한 때, 마침 김창숙이 의열단에 자금을 지원한다고 하자 나석주는 오랜 숙원을 이룰 수 있는 절호의 기회로 생각하고 국내 의열투쟁에 흔쾌히 찬성한 것이다.

1926년 7월 21일 천진에서 다시 김창숙·류자명·한봉근·나석주·이승춘이 회합하여 거사계획을 확정했다. 류자명·한봉근·나석주·이승춘 등 4명이 국내로 침투하기로 결정했다. 계획이 확정되자 김창숙은 정세호를 통해 이들에게 거사자금 1,000원을 지원했다.

돌아오지 못할 길

나석주·이승춘·류자명은 국내 침투를 위해 천진에서 위해위威海衛로 이동했다. 이들은 곧 국내 잠입을 위해 귀국 배편을 물색하는 등 준비에 착수했다. 그런데 거사를 위한 귀국 계획이 일경에 탐지되었다. '나석주 잠입설'이 총독부 당국에 알려져 일경이 조사에 나선 것이다. 당시는 융희황제(순종)의 인산 직후였으므로 이를 틈타 국내 거사를 우려한 일경의 감시가 심하던 때였다. 7월에 이미 나석주 등 임시정부원 12명이 국내 거사를 위해 입국한다는 정보가 언론에 보도될 정도였다. 10월 말에는 지부芝罘지역 영사관에서 위해위까지 일본 경찰을 출장 보내 나석주와 이승춘의 국내 잠입설에 대해 조사하고 그 결과를 조선총독부 경무국장에게 보고하기도 했다. 1926년 11월 7일 자 『동아일보』에는 다음과 같이 보도되었다.

> 중국 지부芝罘 방면으로부터 나석주·이승춘 등 두 명이 조선 안에 잠입하였다는 정보는 당국에서 그간 각 방면으로 조사하여본 결과 허전인 것을 알게 되었다는데 전기 나석주는 황해도 재령군 북률면 출생으로 독립운동 이래 중국 방면으로 망명하여 계속 많은 활동을 하는 모험 청년이라더라.

다행히 일경의 마수를 피해 귀국설이 허보로 알려지기는 했으나, 이 같은 일경의 조사는 이들의 국내 침투를 어렵게 하는 요인이 되었다. 일경의 검열을 피해 귀국할 배편을 구하기가 어려웠다. 그러다 보니 시일이 자꾸 지체되고 말았다. 『신한민보』 1927년 3월 10일자 기사에는 6·10만세운동 이후 나석주가 준비한 배가 압수되었다고 하는데 자세한 사연은 알 수 없다.

1926년 음력 7월 말경에는 김창숙이 위해위로 찾아왔다. 김창숙은 이들과 10여 일을 함께 기거하며 거사 추진을 독려했다. 연말이 다되어가는 12월, 배편을 마련했으나 지급받은 거사자금이 부족했다. 결국 나석주만 귀국하여 단독으로 거사를 추진하고, 이승춘은 위해위에 남아 제2의 거사를 준비하기로 했다. 나석주는 거사를 위해 출발하기에 앞서 의열단의 동지인 류자명에게 거사 추진을 알리는 마지막 편지를 보냈다.

우근友槿 지형志兄 회감回鑑

재작일 마지막으로 상해 주소로 제弟의 영편影片 1장과 제가 출발하는 사를 사고事告하옵더니 필야必也 접수치 못할 듯 하옵기 여시如是 직접 광동廣東으로 상고上告하옵니다.

저는 꼭 음래陰來 16일에 왜선倭船 21호 공동환共同丸을 타고서 출발하기로 결정하였습니다. 휴대 금이라고는 금화 20원뿐입니다. 작탄炸彈 3개, 단총 1개입니다. 외형은 천중안穿中眼이라 잠간 중국인 행세를 하려 합니다. 불연不然하면 발로發露 동시에 필야必也 최후가 되겠지요.

음력 11월 14일(양력 12월 17일) 나석주

마침내 1926년 12월 24일경 나석주는 지부芝罘에서 홀로 중국 배인 이통호利通號에 승선했다. 신분 노출을 피해 중국인 노동자로 위장했다. 이 배는 대련·지부·위해위를 경유하여 인천 사이를 운항하는 중국인이 경영하는 기선이었다. 앞서 류자명에게 보낸 서신에는 12월 19일 일본 배로 출발한다고 했는데, 무슨 이유인지 일자와 배편이 변경된 것 같다. 출발 당시 그는 독일제 32구경 9연발 자동권총 1정과 실탄 70발, 위력이 반경 5미터에 달하는 주철제 폭탄 3개를 소지하고 있었다.

오랫동안 열망하던 일이었다. 자신의 몸을 조국 독립의 제단에 바치기로 결심한 것은 오래전이었다. 류자명의 회고에 의하면 그는 의열단에 가입하기 이전부터 이미 "폭탄과 권총을 가지고 한성에 가서 일본의 원수 놈들과 싸우다가 최후에 탄환 한 개로 자살을 해서 나의 생명을 나의 손으로 해결하기로 결심"하고 있었다.

거사를 위해 위해위를 출발하기 직전 동지들과의 대화에서도 이러한 결연한 의지가 분명히 드러난다. 동지인 손기업의 광복 후 회고에는 다음과 같이 출발 당시부터 이미 돌아오지 않을 마지막 길임을 분명히 했다.

> 형님이 조국 서울을 향하여 천진을 떠나시던 날 우리 몇몇 동지들이 형님을 향하여 "거사 성공 후 아무쪼록 무사히 생환해 오십시오" 하고 간청하였었건만 형님은 그때 그 늠름한 의표와 낭랑한 말소리로 "혁명가로서 적에게 생포되어 동지들의 거처와 모의의 내용을 알려주는 것은 차라리 주검만 같지 못한 것이니 동지들의 뜻은 감사하나 나는 만일 이번 서울에 가서 거사 성공 후에 요행히 탈출된다면 그 길로 사리원에 가서 동척 사리원지점 마저 쳐부수고 그 자리에서 자결하기로 결심하였오"라고 하여 우리 동지들로 하여금 경탄케 하시었지요.

무엇보다도 그가 거사 당일 동포들에게 남긴 유서에는 민족을 위한 의열남아의 결의가 가장 잘 드러나 있다. 이 유서는 그가 거사 전 조선일보사 신석우 사장에게 거사와 자결의 의지를 게재해달라며 보낸 것이다. 그러나 당시 보도되지 못하고 사진 촬영본이 보관되어 있다가 21년 만인 1947년 12월에야 『조선일보』 지면에 게재되었다. 그 전문은 다음과 같다.

> 조선일보사 귀중
>
> 계자啓者 본인은 우리 2천만 민족의 생존권을 찾아 자유와 행복을 천추만

대千秋萬代에 누리기 위하여 의열남아가 희생적으로 단결한 의열단의 일원으로서 왜적의 관·사설기관을 물론하고 파괴하려고 금차今次 회국回國 도경到京한바, 최후 힘을 진력하여 휴대물품을 동척회사·식산은행에 선사하고 힘이 남으면 부내 본정本町 1·2·3·4정에까지 출두하여 시가화전市街火戰을 하고는 자살하겠기로 맹서코, 실행 전 동포동족을 보고하오니 이차以此 조량후照亮後 본인의 의지를 가급적 귀보에다 소개하여주심을 바랍니다. 그런데 본인이 자살하려는 이유는 저 왜적의 법률은 우리에게 정의를 주려고 만들어놓은 것이 아닌데 불행히 왜경에게 생포되면 본인의 전투력은 다 빼앗긴 후에 소위 심문이니 무엇이니 하면서 세계에 없는 야만적 악행을 줄 것이 명백하기로, 불복하는 뜻으로 현장에서 자살하기로 결심하였습니다. 더 쓰지 않고 그만둡니다.

12월 28일 희생자 나석주 올림

천추에 길이 빛날 이름

가족의 품으로

응섭 펴 보아라

묻노니 집안이 다 평안한가? 소식 들은 지가 좀 지냈으므로 답답하여 이같이 두어 자 적는다. 아비는 아직 한 모양이니 다행인가 하며 별말 없기에 후일 다시 편지할 양으로 그만 그친다. (편지 써놓고 곧 부치려 할 때 내지內地에서 온 신문의 기사를 보니 북률면에 또 수해水害가 대단한 모양이로구나. 어찌하면 살아나겠느냐? 참말 기막혀 못 살겠구나. 너는 아무쪼록 천우신조하여 살아나 가지고 곧 편지하여라. 속히 회답하기 바란다. 오늘 아침에는 우연히 집 생각이 나더니 신문으로라도 그같이 좋지 못한 소식을 듣게 되는구나. 금년 농사는 지금 상태가 어떠하냐?)

음력 6월 7일 아비로부터

이 글은 그가 상해로 망명한 후 장남 응섭에게 보낸 서신이다. 수해와 수탈 속에서 살아만 있어달라고 가족의 안위를 걱정하는 가장의 마음이 절절하다. 그는 20대 당시 만주로 망명했다가 모친의 병환 때문에 다시 귀향할 정도로 효성이 지극한 사람이었다. 부모와 처, 그리고 3남 2녀의 자녀를 둔 가장으로 그의 마음에 왜 안온한 삶에 대한 미련이 없었겠는가? 단지 그에게는 가족보다 민족의 앞날이 더 중요했을 뿐이다.

그의 거사 이튿날인 1926년 12월 29일 동아일보 기자를 통해 순국 사실이 집에 알려졌다. 이 상황을 『동아일보』는 다음과 같이 전한다.

> 울다 못해 졸도한 유족들, 백수노안에 눈물이 줄줄
>
> 쓰러져가는 초가, 슬픔이 가득한 방안에서는 남편의 비보를 듣고 더욱이나 슬퍼할 그의 아내와 그의 맏아들은 볼 수가 없었다. 몰라보게 된 열일곱 살이 다된 그의 맏딸 응구와 둘째 아들 응선, 중국 간도에 가서 낳았다는 아홉 살 되는 둘째 딸 응서와 그가 집을 떠난 지 이레 만에 낳았다는 유복자 응천 등 3남 2녀의 올망졸망한 아들딸들이 구석구석에 모여 앉아 울 뿐이었다.
>
> 그들의 창백한 얼굴에 떠도는 공포는 오륙 년 동안에 아버지를 잃고 깊은 밤, 이른 아침마다 돌연히 달려드는 경관 수색대에게 어린 가슴이 여러 번 놀래었다는 것을 말해주었다.
>
> 국외에서 표랑하는 사람의 아내가 되고, 아직 어린 아들딸들의 어머니가 되고, 늙은 시부모의 며느리가 된 이문성 여사는 닥쳐오는 생활난으로 일시라도 편히 앉아 있을 수가 없어서 몇 푼 안 되는 밑천으로 다래 장사를

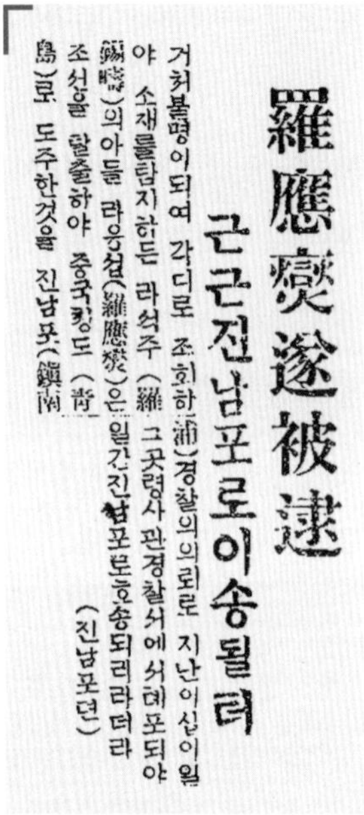
羅應燮遂被逮

근근진남포로이송될터

거처불명이되여 각디로 조회하(浦)경찰의의뢰로 지난이십이일

야 소재를탐지하든 라석주(羅 그곳령사관경찰서에서톄포되야

錫疇)의아들 라응섭(羅應燮)은 일간진남포로호송되리라더라

조선을 탈출하야 중국청도(靑 (진남포뎐)

島)로 도주한것을 진남포(鎭南

나응섭 피체 기사
(『동아일보』, 1927. 6. 26)

시작했다는 소문을 일찍부터 들어온 터이므로 그가 어디로 물건을 팔러갔으리라는 것은 말하여 주는 이가 없어도 이미 짐작은 했거니와 그가 여자의 약한 몸으로 중국 안동현까지 가서 양피羊皮를 사다가 풍우를 무릅쓰고 팔러 다닌다는 것은 다시금 놀라지 않을 수 없는 사실이었다.

잘 죽었다. 잘 죽었어!

실부 나병헌(66세) 씨는 비창한 낯빛으로 "잘 죽었다. 잘 죽었어!" 하면서도 목이 메어 말을 잘 잇지 못한다. 나석주의 처 이문성 여사는 복받쳐 오르는 울음을 억지로 참으며 "행여나 우리에게 한때 좋은 기회가 있으려니 하고 바랐더니, 어느 때인지 반가웁게 만나볼 날이 있으려니 하고 믿었더니, 모든 희망이 물거품 같이 사라지고 말았습니다 그려!" 하며 말끝을 맺지 못한다. 오직 그의 아들 나응섭 군이 태연한 기색으로 "지금은 무어라고 말할 기회가 아닌 줄 압니다. 아직은 아무 말도 없이 침묵을 지킬 뿐입니다" 하며 얼굴에 무슨 결심의 빛을 띠었다. 또 나석주의 동지이던 최호준 씨는 비창한 어조로 "사랑하는 독자를 잃으신 그의 늙은 부모의 슬픔도 슬픔이려니와 평소부터 특별히 뜻이 맞게 지나오던 나로서는 수족을 잃은 것 같습니다. 더구나 그가 가지고 있던 애국혈기라든지 뜻이 더욱 아깝습니다"

라고 말하며, 그의 실모 김 씨는 실신한 사람 모양 말을 하지 못한다.

그의 시신은 바로 가족에게 인계되지 못했다. 기자에게서 소식을 듣고 맏아들 응섭이 1926년 12월 31일 상경하여 이튿날인 1927년 1월 1일 아침 총독부 병원으로 부친의 시신을 찾으러 갔다. 그러나 일경은 나석주와의 내통 여부를 조사한다는 명목으로 응섭을 구금했다가 1월 7일에야 방면했다. 응섭은 겨우 미아리 공동묘지에 가매장되어 있는 나석주의 시신을 수습하여 사리원으로 귀향했다. 일제는 나석주의 묘가 민족의식을 일깨우는 산실이 될 것을 우려하여 봉분조차 만들지 못하게 했다. 삼엄한 경계와 감시는 물론 조문객도 받지 못하게 했다. 결국 나석주의 시신은 상여도 쓰지 못한 채 사리원 인근 공동묘지에 평토장平土葬으로 안장되었다.

그의 장남 응섭은 이후 김구의 부름을 받고 부친의 뜻을 이어받아 독립운동에 투신할 것을 결심하고 중국 상해로 망명을 시도했다. 그러나 중국 안동현에서 보낸 편지가 일경에 탐지되어 중국 청도에서 체포되고 말았다. 응섭은 잔악한 고문을 받은 끝에 20세를 갓 넘긴 나이에 요절하고 말았다.

한편 나석주와 함께 활동하던 이승춘은 재거사를 추진했다. 그러나 1927년 5월 북경에서 이승춘이 체포됨으로써 재거의도 좌절되고 말았다. 이승춘은 1928년 6월 지방법원에서 징역 15년형을 받고 옥고를 치렀다.

나석주에게 자금과 무기를 지원하며 국내 거사를 추진했던 김창숙도

1927년 상해의 공동조계共同租界 병원에서 일경에 체포되어 국내로 압송되었다. 그는 심문과 재판 과정에서 의연한 태도로 일관하며 일제에 맞섰다. 결국 1928년 11월 징역 14년형을 받고 옥고를 치렀는데, 가혹한 고문의 여독으로 앉은뱅이의 불구가 되었다.

천추에 길이 빛날 그 이름

의열투쟁은 자결이나 소규모 무력으로 외세의 침략행위에 저항하는 투쟁 방식이다. 때문에 반反침략 평화주의를 실천적 기반으로 한 활동이다. 이것이 무차별적 공포를 조장하는 테러와 다른 점이다. 일제의 침략에 항거하여 우리 의사들은 침략의 원흉이나 식민통치 기관 등을 응징했다. 이는 인류의 정의와 평화를 위한 활동이기도 했다.

나석주의 거사는 의열단의 개별적인 의열투쟁으로서는 거의 마지막에 해당하는 활동이었다. 그러나 국내에 잠입하여 일제 수탈의 주요기관에 폭탄을 던져 일제뿐 아니라 우리 민족에게도 큰 충격을 주었다. 더욱이 자결 순국함으로써 그 장렬함이 더욱 배가되었다. 거사 며칠 전인 1926년 12월 25일 일왕 가인이 사망하여 경계가 매우 삼엄한 상태에서 거행된 장거였다.

의열투쟁은 개인 단독이나 소수의 인원으로 행해지는 자기희생적인 거사 방식의 투쟁이라고 할 수 있다. 나석주는 중국 망명 이후 기회가 있을 때마다 동지들에게 국내에서의 투탄거사와 자결순국의 뜻을 밝히고는 했다. 그는 끊임없이 자신의 온 몸을 조국 독립의 제단에 바치기를 갈망했고, 이를 실천에 옮겼다. 그는 진정한 의열투쟁의 화신이었다.

나석주 의거 후 상해에서 먼저 추도회가 개최되었고, 이어 한구漢口 등지에서도 추도회가 열렸다. 1927년 1월 만주 길림에서는 안창호安昌浩를 중심으로 양기탁梁起鐸을 비롯하여 정의부正義府의 주요 인사 등 수백 명이 나석주 의사 추도식 겸 연설회를 개최하였다. 이날 추도식과 연설회는 길림 일제 영사관 경찰서에 탐지되어 일제는 중국 측에 이들을 체포하도록 압력을 가했다. 결국 안창호·양기탁 등 독립운동의 주요 인사들이 중국 경찰에 체포되었다. 임시정부와 흥사단 그리고 여러 독립운동 단체들이 백방으로 중국 측에 항의했다. 그 결과 체포된 지 21일 만에 석방될 수 있었다.

의열단 본부가 있던 광동에서는 1927년 초에 『나석주 동지 기념』이라는 제목으로 등사판 소책자를 만들었다. 의열단 단장 김원봉이 가지고 있던 나석주의 사진을 명함판 크기로 확대하여 나석주의 약력과 의열단원으로서 활동한 공적 등을 실은 소책자 100부 정도를 인쇄하여 상해, 무한 및 광동 재류 단원과 동지들에게 배포했다. 이 사진은 중국 위해에서 인천으로 출발하기 직전 나석주가 광동의 의열단 본부에 우편으로 발송한 것으로 보인다. 나석주 의거는 의열단 단장 김원봉의 직접 지휘로 이루어진 것은 아니었다. 그러나 거사 당시 그는 의열단원이었고, 의열단 간부 류자명과 함께 거사를 준비했다. 무엇보다 나석주 자신이 거사 직전의 유서에서 자신이 의열단원임을 밝히고 있다.

1927년 1월 15일 북경의 독립운동 단체에서 간행한 『혁명』 제32호에는 「착취굴搾取窟에 벽력霹靂 – 의사義士 나석주 군을 추억함」이라는 제목으로 나석주의 의거 사실과 그 의의를 기리는 다음과 같은 글이 게재되었다.

> 왜제국주의 침략의 선봉으로 전 조선민족의 원부인 동양척식회사와 식산은행이 폭탄과 권총의 벽력 세례를 받았다. 악법과 만법蠻法을 임의로 제정하고 약자는 착취를, 용자勇者는 학살로 죽음에 이른 그 근원도 역시 이 착취굴에 기인한다. 또 수백만의 동포가 왜족의 이주민에 쫓겨 남북만, 서비리아, 일본 등의 공장, 탄갱炭坑에 유리 걸개乞丐하고 혹은 수토水土가 맞지 않아서, 혹은 마적의 약탈로, 혹은 악지주에 쫓겨서 병에 걸리고 아사餓死하게 되는 그 근원도 역시 소구溯究해 보면 모두 이 착취굴에 기인하는 것이다.
> 이 만악萬惡의 총수叢藪인 마굴에 폭탄이 파열하고 그 대리자의 머리에 탄환이 꽂히기에 이르렀다. 일본 황제의 사망으로 인해 내외가 자못 흉흉한 이때에, 조선 내지에는 계급운동·합법운동 등 자치론이 자못 비등한 이때에 이 미증유의 대장거가 경성의 중앙에서 백주에 거행되었다. ……
> 의사 나석주 군은 마침내 죽었다. 적의 손에 죽은 것이 아니라, 스스로 자살하여 생을 마쳤다. …… 용감한 정열의 소유자인 군의 행로에는 단지 두 길뿐이었다. 즉 '나아가 전사하지 않으면 물러나 자살한다'는. 그리하여 '실업을 하자' '교육을 하자' '문화운동을 하자' 등 한갓 언론으로 단지 구구하게 자신을 투생偸生하는 것을 변호하려고 하는 다수의 운동자를 보면 매우 분노하고 또 질책도 한다. 즉 그 의분義憤의 결정結晶은 필경 마굴을 파괴하고 왜적을 총살하여 민중의 명의로 준동하는 타협개량자 부류

에 정문頂門의 일침一針이 되었다. 또 의사의 통쾌비장한 미증유의 행동은 우리들에게 많은 교훈과 깊은 신념을 준다. 단지 군에게 하나의 한스러운 점은 즉 동척 이민에 직접행동을 가하여 이들이 불안 공포를 이기지 못해 국내에서 퇴출하도록 하지 못한 것이다. 그러나 군이여 안면安眠하소서, 군의 장대한 의지를 계속하여 천백인千百人이 반드시 이를 이룰 것이리라.

먼저 나석주의 의거가 일제 수탈의 본산인 동척과 식은을 겨냥한 의미를 밝히고 있다. 이들 기관이 우리 민중 생존의 기반을 박탈하는 착취의 소굴임을 지적했다. 이어서 당시 자치론 등을 주장하는 개량주의자들에게 정수리에 내리꽂는 바늘 같은 자극이 되었다고 그 의의를 설명하고 있다.

1929년 3월에는 나석주 의거를 배경으로 한 『장한長恨의 청춘』이라는 국한문 혼용 소설이 간행되었다. 이 소설은 송완식宋完植이 발행인이었는데, 일본 경찰에 압수되고 말았다.

나석주 열사를 곡哭함

나 열사님이시여, 열사는 서른여섯 살의 짜르막 하나 파란 만흔 일생을 마츠셧도다.

사람의 가장 어려운 것은 죽음이오, 사람의 가장 무서운 것은 살음이어늘 열사는 죽음보다도 어려운 것을 맛보셨고 살음보다도 무거운 것을 가지셨도다.

21년을 하로같이 니러났다가는 넘어지고 넘어졌다가는 또다시 니러나서

오직 한 조각 붉은 마음이 조국의 자유와 동족의 행복 이것을 축하심이었다.

움지기매 풍운을 니르키고 머추매 전술과 책략을 익히셨도다. 장천도長川島와 산동각山東角의 삿삿을 발자최로 해멧으며 황해와 발해의 거센 풍랑을 풍범선風帆船으로 건늬었도다.

늙으신 부모와 약한 처자에게 효도와 사랑이 남달었건만 그들을 도라볼 겨를도 없으셨다. 평생의 행장은 단도와 권총과 폭탄과 지도이었다니 이것이 나열사가 가지신 소유물이었다. 동포의 피로 싸허놓은 적의 보루와 방색을 단신으로 뚫고 들어가서 엇지나 그리도 용감하였으며 엇지나 그리도 장쾌하였던고!

대도大道우에 피흘리고 안졌다가 요망스럽게 덤비는 하루개 같은 원수놈을 쏘아 넘기던 양이라던지 모혀드는 군중에게 피뿜어 내면서 '분투하여 쉬지말라' 하던 사자후가 그 얼마나 비장아였던고!

나열사이시여 열사가 남겨주고 가신 참말씀 낱낱이 기억하고 있나이다. '분투하라!' '니어서 싸워라!' '허영과 사리私利를 버리라!'

나열사가 36년 동안 살임은 오늘날의 비장과 최후를 준비하여 온 것이다. 나열사의 일신은 영원히 도라가섰으나 그러나 정신은 영원히 이천이백만 동포의 머릿속에 길이 심어주셨도다.

단기 4260년(1927년) 1월

나석주를 추모하는 위 글은 작자 미상으로 전해오는 글이다. 거사 직후인 1927년 1월 작성된 추모의 글인데 의열단에서 제작해 배포한 책자인 『나석주 동지 기념』에 수록된 것으로 추측된다. 또 다음과 같은 작자와 제목을 알 수 없는 추모의 글도 전해져 읽는 이의 마음을 숙연하게 한다. 조국독립의 제단에 온 몸을 던진 의열투쟁의 화신 나석주 의사! 그의 이름은 한민족과 함께 영원할 것이다.

우리무리 위하야 분투턴 동지!
이제는 영원의 길로
그 끌턴 피!
좔좔 흐른 그 피!
우리무리에게 보였어라.

우리무리 위하야 분투턴 동지!
끝까지 안보이고 갔고나
영원토록 사뤄지지 않을 그 정신!
우리무리에게 주었노라.

우리무리 위하야 분투턴 동지!
우리무리 믿고 아조 갔고나.
용감한 그 용모를!
우리무리 가슴에 그렸노라.

우리 위하야 분투턴 동지!

한양漢陽 한산 골목에 누어서
얼마나 기다리는고 우리를
우리무리 념려없이 이으리
–『나석주전』 수록

민중아 아느냐?
민중아 아느냐?
곱게 흐르는 이 피를!
선각자의 이 피를!
혁명의 제단에
희생 바쳐 왔으니
자!
오라 여기 둘러서어서
이 피를 찍어 맹서하자
그대에게
약속을 저버림은
이 피를 더럽힘이라
–『나석주전』 수록

나석주의 삶과 자취

1891 황해도 재령군 북률면 진초리에서 참봉댁으로 불리던 부친 나병헌과 모친 김해김씨의 외아들로 출생

1896 마을 서당에서 한학을 배우기 시작하여 뒷날 한학에 조예가 깊었다는 평가를 받음

1902 열한 살의 나이로 네 살 위인 이문성과 결혼함

1906 첫아들 응섭이 태어남

1907 나 씨 문중을 비롯하여 마을 유지들이 토지·현금·쌀을 추렴하여 세운 보명학교에 입학함

1909 첫딸 응구를 얻음

1911 보명학교 고등과를 졸업한 후 안악의 양산학교를 다니며 백범 김구의 제자가 됨

동양척식주식회사가 나석주의 고향 땅 재령평야 3,000정보를 차지함

1914 북간도 모아산으로 망명함

나자구의 동림무관학교에서 군사교육을 수료함

둘째 아들 응선이 태어남

1916 모친의 병세가 위중하여 귀국함

1917 동척의 소작농이 됨

둘째 딸 응서가 태어남

1918 황해도 황주군 송림(겸이포)으로 이주함

1919 3·1운동이 일어나자 동지들과 시위운동에 참여함

3·1운동 후 일제의 감시를 피해 사리원으로 이주함

1920 대한독립단 국내 특파대의 은률군수 처단 등 의열 활동을 지원함

막내아들 응천이 태어남

1921 동지 6명과 함께 권총단을 결성하여 군자금 모집에 나섬

10월 진남포를 거쳐 중국 천진으로 망명함

1922 6월 청년 동지들과 상해에서 유호청년임시대회 개최를 촉구하는 성명서에 발기인으로 참여함

중국 상해에서 한국노병회에 가입함

중국 오패부 군벌의 한단군사강습소에 교육 파견되어 군사교육을 받음

1923 한단군사강습소 교육 수료 후 중국군에 소속되어 복무함

1924 중국 북경으로 가서 의열단에 가입함

6월 중국 상해로 귀환하여 대한민국 임시정부 경무국의 경호원이 됨

8월 의열단 단원으로 장덕진·이승춘 등과 함께 군자금 모집을 위해 상해의 중국도박장을 습격, 장덕진이 총상을 입고 순국하고 이승춘은 중국 경찰에 체포되어 옥고를 치름

고향인 황해도 북률군에서 동척농장의 소작농민들이 동척의 착취에 항거하여 소작쟁의를 일으킴

10월 임시정부 경무국장으로 상해에서 독립당대표회의 개최자금 마련을 위해 활동함

1925 중국 연태·북경·위해위 등지에서 국내 투탄 거사를 준비했으나 자금부족으로 입국하지 못함

1926 1월 상해에서 의열투쟁 단체인 병인의용대에 가입함

5월 김창숙이 국내에서 독립운동 자금을 모금하여 상해로 귀환함

12월 26일 김창숙의 자금지원을 받아 폭탄과 권총을 휴대하고 단신 귀국함

12월 28일 오후 2시 동양척식주식회사와 조선식산은행에 폭탄을 던지고, 권총으로 7명을 살상한 후 자결함

1927 1월 나석주의 시신을 인수하기 위해 맏아들 응섭이 상경했다가 경찰에 구금됨

1월 6일 풀려난 응섭이 미아리 공동묘지에 가매장된 시신을 찾아 재령으로 이장함

1962 정부에서 건국훈장 대통령장을 추서함

자료

- 『동아일보』, 『조선일보』, 『중외일보』, 『독립신문』(상해판), 『신한민보』.
- 국사편찬위원회 인터넷 홈페이지(http://www.history.go.kr) 한국사데이터베이스.
- 국가보훈처 인터넷 홈페이지(http://www.mpva.go.kr) 나라사랑광장, 공훈전자사료관.
- 독립기념관 인터넷 홈페이지(http://www.i815.or.kr) 한국독립운동 정보시스템.
- 백범김구선생전집편찬위원회, 『백범김구전집』 1~12, 대한매일신보사, 1999.
- 경상북도경찰부 편(류시중·박병원·김희곤 역주), 『국역 고등경찰요사』, 선인, 2010.
- 국사편찬위원회, 『대한민국임시정부자료집』 4권, 2005; 32권, 2009.
- ____________, 『한민족독립운동사자료집』 30, 1997.
- ____________, 『한국독립운동사자료』(임정편 II) 2권, 1971; (임정편 III) 3권, 1973.
- 국회도서관, 『한국민족운동사료(중국 편)』, 1976.
- 김정명, 『조선독립운동』, 원서방, 1967.
- 조선총독부, 『국외용의조선인명부』, 1934.
- 송상도, 『기려수필』, 국사편찬위원회, 1955.

- 독립운동사편찬위원회, 『독립운동사자료집』 5 · 7 · 10 · 12 · 14권
- 사회문제조사연구소 편, 『사상정세시찰보고집』, 동양문화사, 1976.
- 안동독립운동기념관, 『국역 석주유고』, 상 · 하, 경인문화사, 2008.
- 나응서, 「나석주의사의 동척투탄」, 『신동아』, 1969년 7월호.
- 류자명, 『한 혁명자의 회억록』, 독립기념관 한국독립운동사연구소, 1999.
- 심산기념사업준비위원회, 『벽옹일대기』, 태을출판사, 1965.
- 심산사상연구회, 『김창숙문존』, 성균관대학교 출판부, 1997.
- 『삼천리』 제17호, 1931년 7월.
- 『혜성』 제1권 9호, 1931년 12월.

저서

- 국사편찬위원회, 『신편 한국사』 47~49, 2002.
- ____________, 『한국독립운동사』 3~5, 1968.
- ____________, 『한민족독립운동사』 4, 1988.
- 김상옥 · 나석주열사기념사업회, 『김상옥 나석주 항일실록』, 삼경당, 1986.
- 김승학, 『한국독립사』, 독립문화사, 1965.
- 김영범, 『의열투쟁 I – 1920년대 – 한국독립운동의 역사』 26, 한국독립운동사편찬위원회, 2009.
- 김영범, 『한국 근대민족운동과 의열단』, 창작과 비평사, 1997.
- _____, 『혁명과 의열 – 한국독립운동의 내면』, 경인문화사, 2010.
- 김희곤, 『대한민국 임시정부 I – 상해시기 – 한국독립운동의 역사』 23, 한국독립운동사편찬위원회, 2009.
- _____, 『대한민국 임시정부 연구』, 지식산업사, 2004.
- _____, 『중국관내 한국독립운동단체 연구』, 지식산업사, 1995.
- 독립운동사편찬위원회, 『독립운동사』 2 · 7 · 10권

• 박환, 『만주 한인민족운동사연구』, 일조각, 1991.
• 박영랑 · 김순근 · 구기운 공저, 『독립혈사』 1 · 2권, 서울문화정보사, 1950.
• 박태원, 『약산과 의열단』, 백양당, 1947.
• 반병률, 『성재 이동휘일대기』, 범우사, 1998.
• 애국동지원호회, 『한국독립운동사』, 1956.
• 염인호, 『김원봉 연구 – 의열단, 민족혁명당 40년사』, 창작과 비평사, 1992.
• 이규창, 『운명의 餘燼』, 클레버, 2004.
• 이정은, 『김상옥 평전 – 소년노동자에서 불멸의 독립운동가로 – 』, 민속원, 2014.
• 전봉관, 『경성자살클럽 – 근대조선을 울린 충격적 자살사건』, 살림, 2008.
• 정병욱, 『한국근대금융연구 – 조선식산은행과 식민지경제』, 역사비평사, 2004.
• 조동걸, 『우사 조동걸전집 – 식민지 조선의 농민운동』 9, 역사공간, 2010.
• ______, 『한국민족주의의 성립과 독립운동사연구』, 지식산업사, 1989.
• 채근식, 『무장독립운동비사』, 대한민국공보처, 1949.
• 최기영, 『애국계몽운동 II – 문화운동 – 한국독립운동의 역사』 13, 한국독립운동사편찬위원회, 2009.
• 한상도, 『한국독립운동과 국제환경』, 한울, 2000.
• ______, 『한국독립운동과 중국 군관학교』, 문학과 지성사, 1994.
• ______, 『대륙에 남긴 꿈 – 김원봉의 항일역정과 삶』, 역사공간, 2006.
• 한시준 외, 『광복의 역사인물』, 연합뉴스, 1999.

논문

• 김명섭, 「류자명의 항일 의열활동 연구」, 『한국독립운동사연구』 52, 한국독립운동사연구소, 2015.

- 김석준, 「동양척식주식회사의 농장확장과 그 경영형태」, 『한국의 사회와 문화』 9, 한국정신문화연구원, 1988.
- 김영범, 「1920년대 전반기 의열단의 민족운동과 노선추이」, 『한국사회사연구회논문집』 34, 문학과 지성사, 1992.
- 김용달, 「한국독립운동사에서 의열단과 의열투쟁의 의의」, 『한국독립운동사연구』 49, 한국독립운동사연구소, 2014.
- 김희곤, 「제2차 유림단의거 연구」, 『대동문화연구』 38, 2001.
- 박성수, 「의열단 연구」, 『한국정신문화연구원 논문집』 2, 1988.
- 박환, 「1920년대 중반 다물단의 성립과 활동」, 『한국민족운동사연구』 33, 한국민족운동사학회, 2002.
- 서승갑, 「소작조정령·자작농창정 이후의 농촌실태 연구」, 『국사관논총』 58, 1994.
- 신재홍, 「살신성인의 의사 나석주」, 『군사』 17, 국방부 전사편찬위원회, 1988.
- 양지선, 「천진교민단의 결성과 활동」, 『한국민족운동사연구』 89, 한국민족운동사학회, 2016.
- 염인호, 「김창숙의 재중국 독립운동에 관한 일고찰」, 『대동문화연구』 43, 2003.
- 이규수, 「식민지 지배의 첨병, 동양척식주식회사」, 『내일을 여는 역사』 34, 2008.
- 이성우, 「주비단의 조직과 활동」, 『한국근현대사연구』 25, 한국근현대사학회, 2003.
- ______, 「滄旅 張鎭弘의 생애와 조선은행 대구지점 폭파의거」, 『한국독립운동사연구』 57, 독립기념관 한국독립운동사연구소, 2017.
- 이재호, 「柳子明의 대한민국 임시정부 활동」, 『한국독립운동사연구』 56, 한국

독립운동사연구소, 2016.

- 조범래, 「병인의용대연구」, 『한국독립운동사연구』 7, 한국독립운동사연구소, 1993.
- 조철행, 『국민대표회 전후 민족운동 최고기관 조직론 연구』, 고려대 박사학위 논문, 2010.
- 최기영, 「백범 김구의 애국계몽운동」, 『백범 김구의 민족독립운동과 평화통일 운동』 학술회의 발표논문, 백범기념관, 2002.
- 하지연, 「『나의 동척 회고록』에 나타난 동양척식주식회사의 농장운영 실태」, 『한국민족운동사연구』 90, 한국민족운동사학회, 2017.
- ______, 「1920년대 동양척식주식회사의 농장관리조직과 특수어용단체 운영의 실태」, 『한국민족운동사연구』 85, 한국민족운동사학회, 2015.
- 한상도, 「중국 군벌정권 군사학교와 한국독립운동」, 『한민족독립운동사논총』, 수촌박영석교수화갑기념논총간행위원회, 1992.

ㄱ

강양원 81~83, 110
경무국 17, 85, 86, 89, 97, 103
경호원 85, 97, 99
고목길강高木吉江 11, 24
교민단 85
국민대표회의國民代表會議 68, 69, 87, 93
기성볼단箕城볼團 61
김구 29~32, 36, 68, 77~79, 85~88, 99, 102, 108~113, 128, 130, 131, 141
김덕영金德永 61, 63, 64, 66, 67
김명현金明鉉 98, 101
김보연 72, 73
김상옥金相玉 92
김원봉金元鳳 90, 95, 97, 119, 143
김응석 66
김익상金益相 92
김정목 70, 72, 73
김정호 63, 64, 67
김창숙金昌淑 68, 95, 110, 124~131, 133, 134, 141

ㄴ

나병헌羅秉獻 25, 140
나응섭 138~141
나창헌 72, 79, 103, 104, 106
능전풍綾田豊 12, 24

ㄷ

다물단多勿團 96, 97, 110~112, 122
대삼태사랑大森太四郎 12
대한독립단大韓獨立團 56~58, 60
독립당대표회의獨立黨代表會議 88
동림무관학교東林武官學校 37
동양척식주식회사 9, 12~14, 16, 17, 22, 23, 37~47, 50, 51, 67, 91, 114~117, 136, 137, 145

ㄹ

류자명柳子明 95~97, 110, 129~131, 133~135, 143

ㅁ

목촌열삼木村悅三 12
무지광武智光 11, 14, 24
민정식 87, 88

ㅂ

박은식朴殷植 68, 77
박정손朴正孫 61, 63~66
병인의용대丙寅義勇隊 102~107
보명普明학교 28, 29, 31, 33, 34, 51, 63
북률소작조합 45

ㅅ

손기업孫基業 26, 106, 107, 136
송본필일松本筆一 12
신건동맹단新建同盟團 126
신채호申采浩 93, 97, 110, 131

ㅇ

양산楊山학교 29~31
원형락 66
육군군관단강습소陸軍軍官團講習所 82, 83
윤자영 70, 72, 88
융희황제(순종) 15, 105, 133
의경대義警隊 85, 99
의열단義烈團 32, 90, 92~98, 100, 101, 105, 106, 112, 114, 119, 120, 127~130, 133~135, 137, 142, 143, 146
이규정 72, 73
이규준李圭駿 97, 110
이규학李圭鶴 97, 110
이동녕 72, 88, 128~130
이동휘李東輝 33, 34, 37
이명서 57, 58, 60
이명서李明瑞 57
이몽서李蒙瑞 45, 47
이문성李文成 28, 139, 140
이민달李敏達 85
이승춘李承春 69, 70, 98, 99, 101, 112~114, 118~120, 130, 131, 133, 134, 141
이시영 72, 79, 88, 92
이시태李蒔泰 61, 63, 64, 67
이준수李俊秀 85
이항진李恒鎭 100, 101
이회영李會榮 95, 110, 124
임시군사주비단臨時軍事籌備團 61, 63, 76, 115

ㅈ

장덕진張德震 32, 69, 70, 72, 85, 88, 98~101, 113, 116
전전유차田畑唯次 14
정광호 70, 72
정세호 129, 131, 133
정위단正衛團 102, 103
조선식산은행 9~11, 16, 22, 48, 50, 106, 114~117, 137, 144
조선총독부 47, 91, 92, 114, 115, 133

ㅊ

차리석車利錫 61
청년임시대회留滬青年臨時大會 68~70, 74, 83, 86, 99, 100
최병항 64, 67
최병혁 58

최세욱崔世郁 61, 63~65
최천호崔天浩 79, 80, 85, 88, 99, 101
최호준崔皓俊 51, 61, 63~65, 67, 122, 140

ㅍ

풍옥상 125

ㅎ

한국노병회韓國勞兵會 74, 75, 77, 78, 80, 83, 102, 103
한단군사강습소邯鄲軍事講習所 80, 83, 97
한봉근韓鳳根 90, 129~131, 133

투탄과 자결, 의열투쟁의 화신 나석주

1판 1쇄 인쇄 2017년 12월 18일
1판 1쇄 발행 2017년 12월 22일

글쓴이 김성민
기 획 독립기념관 한국독립운동사연구소
펴낸이 이준식
펴낸곳 역사공간
주소: 04034 서울시 마포구 양화로 11길 18 원오빌딩 4층
전화: 02-725-8806, 070-7825-9900
팩스: 02-725-8801, 0505-325-8801
E-mail: jhs8807@hanmail.net
등록: 2003년 7월 22일 제6-510호

ISBN 979-11-5707-153-1 03900

• 잘못된 책은 바꿔 드립니다.
• 이 도서의 국립중앙도서관 출판예정도서목록(CIP)은 서지정보유통지원시스템 홈페이지(http://seoji.nl.go.kr)와 국가자료공동목록시스템(http://www.nl.go.kr/kolisnet)에서 이용하실 수 있습니다.(CIP제어번호: CIP2017033839)

사공간이 펴내는 '한국의 독립운동가들'

립기념관은 독립운동사 대중화를 위해 향후 10년간 100명의 독립운동가를 선정하여,
들의 삶과 자취를 조명하는 열전을 기획하고 있다.

1 근대화의 선각자 – 최광옥의 삶과 위대한 유산
2 대한제국군에서 한국광복군까지 – 황학수의 독립운동
3 대륙에 남긴 꿈 – 김원봉의 항일역정과 삶
4 중도의 길을 걸은 신민족주의자 – 안재홍의 생각과 삶
05 서간도 독립군의 개척자 – 이상룡의 독립정신
06 고종 황제의 마지막 특사 – 이준의 구국운동
07 민중과 함께 한 조선의 간디 – 조만식의 민족운동
08 봉오동·청산리 전투의 영웅 – 홍범도의 독립전쟁
09 유림 의병의 선도자 – 유인석
10 시베리아 한인민족운동의 대부 – 최재형
11 기독교 민족운동의 영원한 지도자 – 이승훈
12 자유를 위해 투쟁한 아나키스트 – 이회영
13 간도 민족독립운동의 지도자 – 김약연
14 대한민국 임시정부의 민족혁명가 – 윤기섭
15 서북을 호령한 여성독립운동가 – 조신성
16 독립운동 자금의 젖줄 – 안희제
17 3·1운동의 얼 – 유관순
18 대한민국임시정부의 안살림꾼 – 정정화
19 노구를 민족제단에 바친 의열투쟁가 – 강우규
20 미 대륙의 항일무장투쟁론자 – 박용만
21 영원한 대한민국임시정부의 요인 – 김철
22 혁신유림계의 독립운동을 주도한 선각자 – 김창숙
23 시대를 앞서간 민족혁명의 선각자 – 신규식
24 대한민국을 세운 독립운동가 – 이승만
25 한국광복군 총사령 – 지청천

026 독립협회를 창설한 개화·개혁의 선구자 – 서재필
027 만주 항일무장투쟁의 신화 – 김좌진
028 일왕을 겨눈 독립투사 – 이봉창
029 만주지역 통합운동의 주역 – 김동삼
030 소년운동을 민족운동으로 승화시킨 – 방정환
031 의열투쟁의 선구자 – 전명운
032 대종교와 대한민국임시정부 – 조완구
033 재미한인 독립운동의 표상 – 김호
034 천도교에서 민족지도자의 길을 간 – 손병희
035 계몽운동에서 무장투쟁까지의 선도자 – 양기탁
036 무궁화 사랑으로 삼천리를 수놓은 – 남궁억
037 대한 선비의 표상 – 최익현
038 희고 흰 저 천 길 물 속에 – 김도현
039 불멸의 민족혼 되살려 낸 역사가 – 박은식
040 독립과 민족해방의 철학사상가 – 김중건
041 실천적인 민족주의 역사가 – 장도빈
042 잊혀진 미주 한인사회의 대들보 – 이대위
043 독립군을 기르고 광복군을 조직한 군사전문가 – 조성환
044 우리말·우리역사 보급의 거목 – 이윤재
045 의열단·민족혁명당·조선의용대의 영혼 – 윤세주
046 한국의 독립운동을 도운 영국 언론인 – 배설
047 자유의 불꽃을 목숨으로 피운 – 윤봉길
048 한국 항일여성운동계의 대모 – 김마리아
049 극일에서 분단을 넘은 박애주의자 – 박열
050 영원한 자유인을 추구한 민족해방운동가 – 신채호

051 독립전쟁론의 선구자 광복회 총사령 – 박상진
052 민족의 독립과 통합에 바친 삶 – 김규식
053 '조선심'을 주창한 민족사학자 – 문일평
054 겨레의 시민사회운동가 – 이상재
055 한글에 빛을 밝힌 어문민족주의자 – 주시경
056 대한제국의 마지막 숨결 – 민영환
057 좌우의 벽을 뛰어넘은 독립운동가 – 신익희
058 임시정부와 흥사단을 이끈 독립운동계의 재상 – 차리석
059 대한민국임시정부의 초대 국무총리 – 이동휘
060 청렴결백한 대한민국 임시정부의 지킴이 – 이시영
061 자유독립을 위한 밀알 – 신석구
062 전인적인 독립운동가 – 한용운
063 만주 지역 민족통합을 이끈 지도자 – 정이형
064 민족과 국가를 위해 살다 간 지도자 – 김구
065 대한민국임시정부의 이론가 – 조소앙
066 타이완 항일 의열투쟁의 선봉 – 조명하
067 대륙에 용맹을 떨친 명장 – 김홍일
068 의열투쟁에 헌신한 독립운동가 – 나창헌
069 한국인보다 한국을 더 사랑한 미국인 – 헐버트
070 3·1운동과 임시정부 수립의 숨은 주역 – 현순
071 대한독립을 위해 하늘을 날았던 한국 최초의 여류비행사 – 권기옥
072 대한민국임시정부의 정신적 지주 – 이동녕
073 독립의군부의 지도자 – 임병찬
074 만주 무장투쟁의 맹장 – 김승학
075 독립전쟁에 일생을 바친 군인 – 김학규
076 시대를 뛰어넘은 평민 의병장 – 신돌석
077 남만주 최후의 독립군 사령관 – 양세봉
078 신대한 건설의 비전, 무실역행의 독립운동가 – 송종익
079 한국 독립운동의 혁명 영수 – 안창호
080 광야에 선 민족시인 – 이육사
081 살신성인의 길을 간 의열투쟁가 – 김지섭
082 새로운 하나된 한국을 꿈꾼 – 유일한
083 투탄과 자결, 의열투쟁의 화신 – 나석주